異素材との組ませ方から使い方まで
工夫と手順がわかる

# 竹かご編みの
# 発想と技法

竹かご部 編

# はじめに

　2014年6月に上梓した『竹かご編みの技法書』は、予想をはるかに上回るたくさんの方にご愛読をいただきました。

　竹かご作りに興味を持つ人が増えるなか、「縁巻きがうまくできない」「手提げかごを作りたいけれど、難しすぎる」といった理由から、あきらめてしまったという声も耳にしました。

　あらためてみると、別府の竹かご作りでは、縁巻きやデザインのワンポイントとして籐を使うことがよくあります。竹と異素材をうまく組み合わせる、そうした文化や技術が、脈々と継がれているのです。

　そこで、現在、活躍中の作家さんたちに、「作りやすくするために、異素材を活用する」ことを前提とした「異素材を組み合わせた竹かご」を考えてもらいました。

　完成した本書は、「人気作家さんの発想力と技を、誌面を通じて学べる」ことが最大の特徴となっています。

　本書を通じて、手作りの竹かごや器に興味を持ってくださる方が、一人でも多く増えれば、こんなに嬉しいことはありません。

2017年8月末日
竹かご部

# INDEX

はじめに　2

## プロローグ　編み始める前に
竹かごを作るときに使う主な道具　8
六つ目編みの編み方　10

### Chapter1　手提げかご

異素材:リボン&紐　巻きバッグ　16
異素材:PVC（ポリ塩化ビニル）　亀甲編みPVCバッグ　28
　【応用編】
　　異素材:PVC（ポリ塩化ビニル）　亀甲編みのPVCカードケース　40
異素材:革　レザー編み込みかご　44
異素材:革　レザーハンドルかご　56
異素材:木綿　竹&木綿の手提げかご　70
異素材:ワイヤー　竹&ワイヤーバスケット　82

### Chapter2　その他のアイテム

異素材:和紙　和紙&透かし網代の盛りかご　96
異素材:プラスチック　半透明プラスチック&山路編みバスケット　112
異素材:シルバー　五角球のオーナメント　122
　【番外編】
　　異素材:布&綿　針山　130

### Chapter3　包む

異素材:ガラス　やたら編みガラスラップ　142
異素材:陶器（徳利）　松葉編みボトルカバー　156
異素材:陶器（湯のみ）　菱四つ目湯のみカバー　168
異素材:ガラス　輪弧編みガラスラップ　180

ご協力いただいた竹工芸作家さんたち　190

Prologue
# 編み始める前に

主な道具を紹介します。また基本の編み方の中でも、本書によく出てくる「六つ目編み」と、たびたび登場する「力竹」の作り方もまとめました。

---

## 竹かごを作るときに使う主な道具

効率よく作業を進めるためにいろいろな道具を使います。
また、竹ひごが乾くと編みにくくなるので、やわらかくするために霧吹きは必需品です。

**A 文鎮**
編地がずれないように重石になるものを置きます。

**B 剪定バサミ**
竹ひごをカットするときなどに使います。

**C 小刀**
縁用の竹などを削るときに使います。

**D 仮止め用の身竹**
編んだところがバラバラにならないよう、仮止めをするときなどに使います。

**E 千枚通し**
細いひごを狭い隙間に通すときに便利です。

**F くじり**
編み目をそろえたり広げたりするときに使います。

## 道具を工夫する

竹かご作りでは、いろいろな道具を使いますが、ちょっとした工夫で道具を使いやすくしたり、作業を簡単にすることもできると言います。渡辺文明さんの工夫を教えてもらいました。

**竹ひごを丸めたいとき**
丸めたいサイズのアルミパイプを、手すりのホルダーで固定させて作った道具。穴からドライヤーの熱風を通すことで、アルミパイプに巻き付けた竹ひごを丸めることができます。

**節くりをするとき**
刃先があたって傷がつくことがあります。ビニールのキャップを刃先に付けるという簡単なことで、そうした危険を防ぐことができます。

**半割りするとき**
半割り専用治具の真ん中を削って、刃の機能を持たせた道具。「半割りをするときに使う竹割り包丁は、持ち手の部分が短いので、力が入りにくいし、けがをする危険度も高いのです」と、渡辺さん。この道具だと両手が使えるので、より少ない力で一気に半割りができるそうです。

# 「六つ目編み」の編み方

**1** 1本目(①)を斜めの線に合わせて60度におく。編んでいく際、節は常に上にくるようにする。

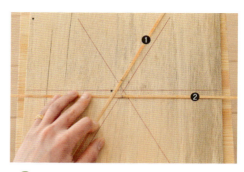

**2** 2本目(②)を横の直線におく。①をすくう。

▶ **ワンポイントアドバイス**　60度の線がある板を使えば、線に合わせて竹ひごをおいていけばいいので、その都度測る手間が省けます。

**3** 3本目(③)を①と逆側の斜めの線に合わせて60度におく。①をおさえ、②をすくう。

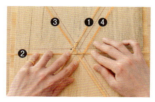

**4** 4本目(④)を①と平行に60度におく。②をおさえ、③をすくう。

**5** 5本目(⑤)を③と平行に60度におく。①をすくい、④をおさえ、②をすくう。

**6** 6本目(⑥)を②と平行におく。③をおさえ、①をすくい、⑤をおさえ、④をすくう。

**7** ①と⑤の白丸印のところを上下組み替える。

**8** 組み替えた状態。

**9** 6カ所に指を入れて縮めると、真ん中がきれいな六角形になる。

10 手前に文鎮を置いて固定させる。

11 7本目（⑦）を⑥と平行におく。③をすくい、⑤をおさえ、①をすくい、④をおさえる。

12 左に60度回転させ、文鎮をおいて固定させる。8本目（⑧）を③と平行におく。①をおさえ、⑦をすくい、④をおさえ、⑥をすくい、②をおさえる。

13 ④と⑦を組み替える。

14 左に60度回転し文鎮をおいて固定させる。9本目（⑨）を④と平行におく。⑦をすくい、⑥をおさえ、⑧をすくい、②をおさえ、③をすくい、⑤をおさえる。

15 「左上がりのひごはおさえる」「右上がりのひごはすくう」「右端は常に上」「左端は常に下」の規則性で編み進む。
Ⓐ左上がりのひご
Ⓑ右上がりのひご

16 写真は12本目を編んだところ。右上がりのひご3本をすくい、左上がりのひご3本をおさえた状態になっている。このとき三角形の頂点が2つできるので、この2カ所のひごを組み替える。

17 六つ目編みで3段編んだもの。

# 力竹の作り方

1 竹割り包丁で皮と身をわける。使うのは皮の部分なので、皮が3mmになるのを目安にわける。

2 竹割り包丁で面とりをする。底の大きさに合わせてサイズを決める。

3 ノコギリで印を付けたところをカットする。危ないし見た目もきれいではないので、竹割り包丁で角をとる。

# Chapter 1
## 手提げかご

竹かご作りをもっと身近にするために、
難しいとされる"手を付ける"工程で、
異素材を組み合わせる方法を考えてみました。
すると、独創性という付加価値も生まれました。

### リボン&紐

# 巻きバッグ

せっかく作るなら、世界に1つだけのかごを作りたい──。そんなニーズに応えて、児玉美重さんが考えてくれたのが、異素材のリボンと紐を組み合わせた「巻きバッグ」です。リボンは、竹かごのどこに巻き付けてもOKという自由度の高いデザイン。なので、ぐんとオリジナリティを出しやすくなります。また、リボンは付け替えしやすい素材ですから、秋にはベルベット、冬には毛糸を編み込んで……と、季節に合った装いに変えることができます。さらには、手の部分に選んだ紐も付け替えしやすいので、時には長めの紐に変えてショルダーバッグに……と、用途の幅が広がる分、長く楽しめるのもメリットです。

# 「巻きバッグ」の作り方

**【材料】**
底編み用のひご：幅5mm、厚さ0.65mm、長さ450mm以上×24本／底編み用のひご：幅5mm、厚さ0.65mm、長さ700mm以上×4本／回しひご：幅5mm、厚さ0.65mm、長さ900mm以上×4本／身竹1本／縁：幅10mm、厚さ3mm、長さ900mm以上×2本／縁巻き用リボン（ベージュ）：幅6mm、長さ6m以上／本体巻き用リボン（ベージュ）：幅6mm、長さ6m以上／手用の紐は好みの幅や長さを用意／かしめ×2セット

※竹ひごの本数は、ひごの作り方や編み方などで変わることがあります。

**【道具】**
剪定バサミ／底をはさむ板／クリップ／ハサミ／プライヤー／かしめ打ち／打ち台／くじり／木づち／木工ボンド

幅 10cm

高さ 11cm

直径 33cm

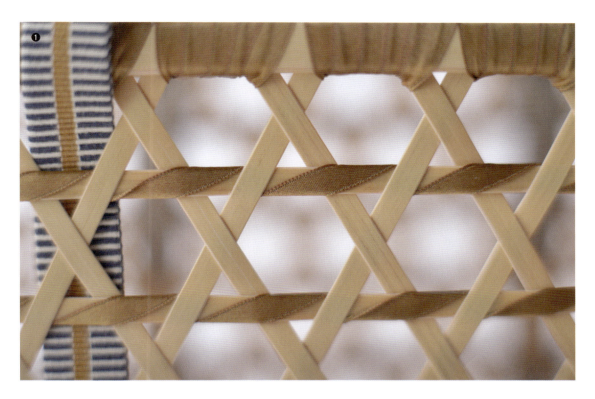

❶六つ目編みの目は大きいため、目のずれが目立ちやすい。また、手の部分として紐を付ける際にも、目がずれていると合わなくなってしまう。そうしたことのないように、編みながら、ていねいに目ぞろいすることが大切。
❷リボンはゆるみがでやすいので、巻き付けるときにしっかり固定するように巻く。
❸今回のリボンは、竹ひごと同系色の茶系にしたが、好みや季節に応じて色や素材を選ぶのも楽しみの一つ。

教えてくださるのは
児玉美重さん。

### STEP1　立ち上げ・胴編み 〜六つ目編み〜

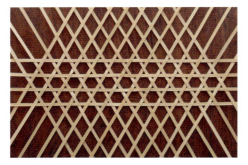

1　編みひご28本を用意。10ページの「六つ目編みの編み方」をもとに、六つ目編みで短いひごを3段、長いひごを11段編む。編地が、縦74mm、横295mmになっている状態。

2　編地を30分くらいしっかり水に浸す。

3　編み終わりのところに、しっかりと曲げぐせをつける。

▶ ワンポイントアドバイス

曲げぐせをつけておかないと、立ち上げるときに立ち上げにくくなります。ここでしっかりと曲げぐせをつけておくことが大切です。

4　底と同じ大きさの板2枚で編地を挟んで、底を固める。

5

回しひごを用意。1本目。右斜め上にのびているひごと、左斜め上にのびているひごの間に、回しひごを挟むように入れ、1周編む。

▶ ワンポイントアドバイス

回しひごを編むときは、ひごの節が真ん中にならないよう、左右に少しずらしたところからスタートします。そうすると、合わせのところが裏側になります。

「巻きバッグ」の作り方

6 　交差しているひごを、すべて組み替える。

7 　組み替え前。　　　　　　　　　組み替え後。

8 　編み目4つ分くらい重なるように合わせて組み替える。

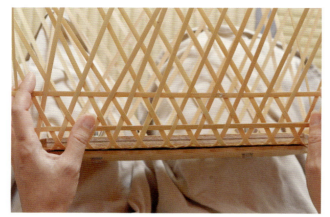

## 9

2段目は、合わせの重なった面とは反対の面からスタートし、1段目と同様に編んでいく。

▶ **ワンポイントアドバイス**

回しひごの合わせが同一方向になると回しひごが外れやすくなるので、表裏と1本ずつ交互にスタートします。

## 10

1段目、2段目の要領で5段目まで編んだら、右斜め上に向いているひごをすべて2枚に剥ぎ、六つ目の穴に入れるように折り止めをする。

▶ **ワンポイントアドバイス**

2枚に剥がした後、水によく浸し、柔らかくしてから折り曲げましょう。

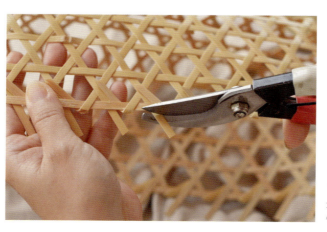

## 11

左上を向いているひごは、身竹の高さのところで剪定バサミで切る。

「巻きバッグ」の作り方

## STEP2 縁を付ける・縁にリボンを巻く

**1** 外縁用と内縁用の竹ひごを用意。146ページの「縁作りをマスターしよう」をもとに竹ひごを曲げて楕円にし、合わせの部分80mmを重ねて、写真のように外縁・内縁を作る。

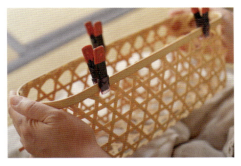

**2** かご本体に、外縁を合わせてクリップで留める。

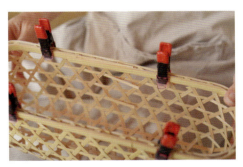

**3** 内縁も合わせてクリップで留める。

**4** 針金でしっかりと仮止めをしていく。針金はプライヤーを使ってしっかりと固定させる。

**5** 縁をリボンで巻いていく。リボンの先に木工ボンドを付ける。

**6** 仮止めを一カ所外し、外縁と編み地の間に、くじりなどの先の尖った道具で隙間をあけ、木工ボンドをつけたリボンの先を差し入れる。

7　縁のところを、隙間がないようにリボンで巻いていく。

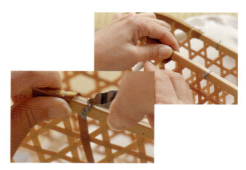

8　巻き進みながら、仮止めを外し最後まで巻く。

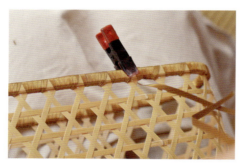

9　巻き終わったところ。

10　巻き終わったらクリップで固定し、巻き始めのところにくじりで透き間をあけ、巻いてきたリボンを差し入れる。

11　巻き終わりをしっかり引っ張って、なおかつ木工ボンドで固定させる。

12　固定したら余分なリボンをハサミで切る。縁にリボンを巻いたところ。

024

「巻きバッグ」の作り方

### STEP3　胴にリボンを巻く

1　胴にリボンを巻いていく。ひごとひごの間にくじりで隙間をあけ、リボンの先を入れる。リボンは長いので、まとめておくと巻く作業を行いやすい。

2　六つ目編みの横ひごにリボンをからめるように巻いていく。

▶ ワンポイントアドバイス

巻く際は、リボンがよれないように気をつけましょう。また、リボンはゆるみやすいので、引っ張りながら巻くのがおすすめです。

3　1周巻く。

4　1周巻いたら斜めのひご（写真の指をさしているところ）に巻きつけて、1段下（2周目）を巻いていく。

5　2周目。リボンを巻きながら、1段下に降りていく。

6　2周目を巻いていく。

7　同様に、3周目、4周目と巻き進める。

▶ ワンポイントアドバイス

作業で両手を使うためリボンから手を離すようなときは、リボンがゆるまないようにクリップで留めておきましょう。

025

8　最後まで巻いたら、巻いてあるリボンに差し込み、木工ボンドでしっかり固定させる。

9　胴にリボンが巻き終わったところ。

## STEP4　手を付ける

1　紐の先にくじりで穴をあける。

2　編み目を利用して紐を通す。使い勝手やデザインに応じて、通す場所は決めてOK。今回は手提げかごとしての使い勝手をイメージし、1本の紐で手を作る。

3　安定性を持たせるため、底部分にも通す。

4　反対側にも通す。

5　かしめを付け、紐の先を合わせて木工ボンドでしっかり固定する。

6　さらに上から叩いて、しっかり固定させて完成。

「巻きバッグ」の作り方

**PVC（ポリ塩化ビニル）**

# 亀甲編み
# PVCバッグ

海が似合う竹かごがあったら……。そんな"あったらいいね"を、阿部仁美さんが叶えてくれました。それは、100円ショップでも購入できるPVC（ポリ塩化ビニル）バッグの間に、竹の編地を挟むという、斬新でなおかつとっても楽しいアイデア。「縁がないので、遠くから見ると竹かごのように見えます。一方、竹の編地はPVCに包まれているので、水に直接濡れる心配がありません」と安部さん。そして、安部さんが選んだのは、透けている編み目が美しい「亀甲編み」。機能性だけでなく、竹かごならではの透ける編み目を楽しめる、オリジナリティあふれるバッグです。

# 「亀甲編みPVCバッグ」の作り方

**【材料】**
竹ひご:〔幅4.5mm、厚さ0.5mm、長さ40cm×62本（上下の縁用2本含む）〕×2セット／藤:幅1.6mm、厚さ0.45mm、長さ1m50cm×1本

※竹ひごの本数は、ひごの作り方や編み方などで変わることがあります。

**【道具】**
斜め60度のラインを引いた編み板／鉛筆／定規／剪定バサミ／ハサミ／クリップ／木工ボンド／小刀／目打ち／文鎮

高さ17cm
幅 20cm

❶

❷

❸

❶編地はPVCに挟むことを考え、竹ひごの厚みを薄くし、表にひびかないように配慮。「PVCは中が透けるので、亀甲編みのように透ける編み方のほうが、良さをより楽しめます。六つ目編みや四つ目編みもおすすめですよ」と安部さん。
❷縁に竹を1本通すことで、竹との関連性を強められる。
❸今回は、縁周りは外れないように閉じたが、最低限の処理にし、中に入れる編地を入れ替えて楽しむこともできる。

教えてくださるのは安部仁美さん。

### STEP1 編地を作る 〜亀甲編み〜

1 亀甲編みで編んでいく。斜め60度のラインを引いた編み板を用意。

2 1・2本目。ラインを挟むように、2本のひごを右上がりにおく。

3 3本目。1・2本目のうち手前の1本をすくい、奥の1本をおさえる。

4 4本目。1・2本目のうち手前の1本をおさえ、奥の1本をすくう。

5 4本目を編んだらV字を2つ見つける。

6 5本目。右側のV字のひご2本をおさえ、左側のV字のひご2本をすくう。

7 6本目。5本目と同じ要領で、右側のV字のひご2本をすくい、左側のV字のひご2本をおさえる。

8 6本目を入れたときに、中心の模様が風車の形になる。これが全体の中心になる。ここで風車の形が4mmになるように整えておく。

▶ ワンポイントアドバイス　風車を中心として、編地を回転させながら各辺に平行にひごを入れましょう。

「亀甲編みPVCバッグ」の作り方

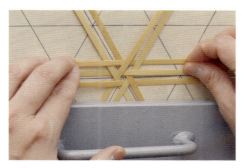

**9** 7本目。右上がりのひごをすくい、左上がりのひごをおさえるように入れる。

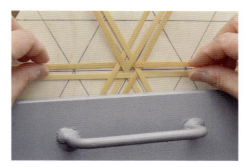

**10** 文鎮でおさえたまま、左へ60度回転させる。

▶ ワンポイントアドバイス　本数が増えてきたら、編みやすいように文鎮でおさえましょう。

**11** 以降、「A」「B」「C」の形が出てきたら、それぞれの形に応じて下記の編みパターンで編んでいく。

Aの形が出てきたら、①②③のひごをすくう。

Bの形が出てきたら、①②③のひごをおさえる。

Cの形が出てきたら、「V字の隣りがおさえなら、すくう」「V字の隣りがすくうなら、おさえる」。また、Cの形が端にきた場合は、「外側を1本だけすくう」または「1本だけおさえる」。

**12** Bの形が出できたので、8本目は編みパターンBを行う。8本目を編んだところ。

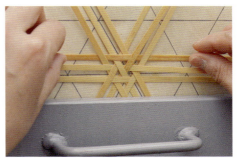

**13** 左へ60度回転させて9本目。Bの形が出てきたので、編みパターンBを行う。9本目を編んだところ。

**14** 左へ60度回転させて10本目。Bの形が出てきたので、編みパターンBを行う。10本目を編んだところ。

**15** 11本目は工程（14）と同様に行う。AとBの形が出てくる。12本目は、右側はAなので、編みパターンAを行う。左側はBなので、編みパターンBを行う。

**16** 12本目を編んだら、頂点を組み替える。写真は組み替えた後。

**17** 13本目。12本目を編むとCの形が出てくる。右のV字の隣は1本すくい、左のV字の隣は1本おさえる。写真は13本目を編んだところ。

▶ **ワンポイントアドバイス**　偶数本入れ1周すると六角形ができるので、正六角形になるよう、寸法を合わせましょう。

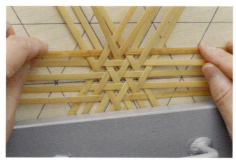

**18** 左へ60度回転させると、左側にA、右側にCの形が出てくる。14本目。Cの形は、右端をおさえて、Cの編みパターンを行う。14本目を編んだところ。

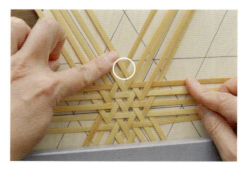

**19** 頂点を組み替える。写真は頂点を組み替えた後。15〜17本目は、工程（16）〜（18）と同様。

「亀甲編みPVCバッグ」の作り方

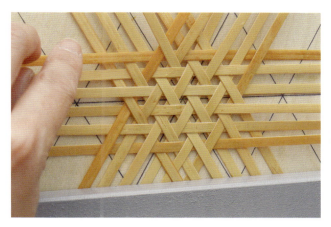

**20** 17本目が終わった後、左へ60度回転させると、左側にAの形、右側にBの形が出てくる。18本目は、Aの形はAの編みパターン、Bの形はBの編みパターンを行う。18本目を編んだところ。

**21** 頂点2カ所を組み替える。

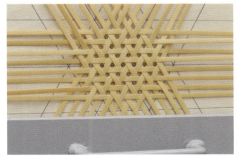

**22** 8本ずつ編んだところ。A・B・Cの形を見つけ、それに応じた編みパターンを行うという規則性を繰り返し、残りも編んでいく。

**23** 20本ずつ編み終えたところ。大きな六角形ができた。

## STEP2 編地の仕上げ

1. 縦17cm×横20cmを目安に、鉛筆で線を引く。

2. ひごが割れないように、編地の裏面に水をつける。

3. 引いた線に沿って剪定バサミで切っていく。

4. 縦は端のひごに合わせて切っていく。

5. 端が落ちないようにクリップで止めていく。

6. 切り落としたひごの先が鋭角になっているので、1本ずつ平らに切っていく。

7. 編みひごを2本用意。12cmにカットして縁代わりのひごにする。

8. 木工ボンドで仮止めをする。五角形の上の辺に、木工ボンドを付ける。

9. 表裏を挟むように縁代わりのひごを付ける。

10. クリップで仮止めをする。反対側の辺も同様に行う。

▶ ワンポイントアドバイス

竹ひごの表面はつるつるしているので動きやすいですから、ばらけないように注意しましょう。

「亀甲編みPVCバッグ」の作り方

## STEP3 縁巻き

1 籐を水に浸す。

▶ ワンポイントアドバイス　柔らかくすると籐が割れにくくなるだけでなく、縁に沿いやすくなります。

2 籐の先を小刀で削る。

3 削ったところに木工ボンドを少し付けたら、縁代わりのひごと編地の間に入れる。

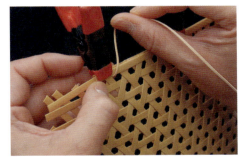

4 入れたところをクリップで固定する。

5 1つ隣りの穴に入れて巻いていく。

▶ ワンポイントアドバイス　作業中も、籐は時々、水で濡らしましょう。

037

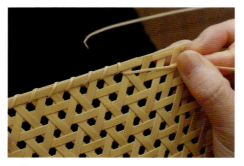

6　角の部分は写真のように巻く。

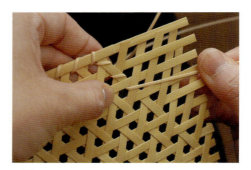

7　編地の一番上のひごも、同じ要領で巻き、四方をすべて巻いていく。

8　巻き終わりは、裏側に出し、写真のように縁と籐の間に入れる。

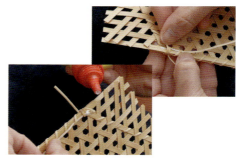

9　出てきた先に木工ボンドを付けて引っ張り、固定させる。余分な部分はカットする。

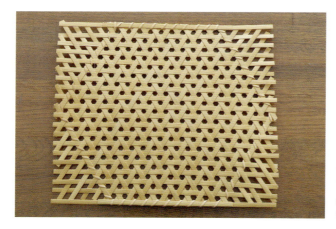

10　編地が完成。これと同じものをもう1枚作る。

「亀甲編みPVCバッグ」の作り方

### STEP4 仕上げ

1. PVCバッグを2つ用意。1つのPVCバッグの取っ手が付いている部分をハサミで切り、本体だけにする。

2. 工程（1）で作ったものを、もう1つのPVCバッグの中に入れる。

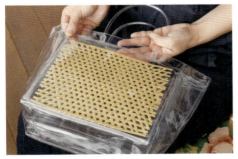

3. PVCバッグと本体だけのPVCバッグを重ねた間に、編地を入れる。

4. PVCバッグの縁の部分を縫い合わせる（編地を入れ替えたい場合は、しっかり縫い合わせなくてもいい）。

5. バッグの持ち手のところに、目打ちのような先の尖った道具で穴をあける。

6. 穴をあけたところから、持ち手の長さと幅に合わせた竹ひごを差し入れて完成。

応用編

# 亀甲編みの
# PVCカードケース

透明なビニールに編地を挟むというアイデアは、他にもいろいろ応用できそうです。さっそく安部さんが、カードケースを作ってくれました。

【材料】
竹ひご：幅3.8mm、厚さ0.42mm、長さ20cm×24本（六角形は30本）／厚さ0.5mmのPVCシート

【道具】
細い筆／木工ボンド／ハサミ／剪定バサミ

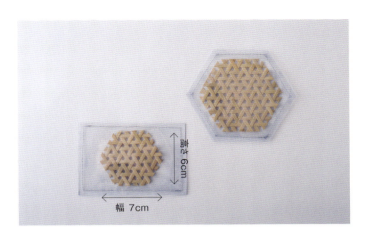

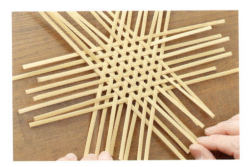

1　『亀甲編みPVCバッグ』の「亀甲編み」の手順をもとに、8本ずつ24本編む。

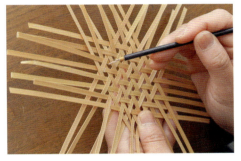

2　外側の6本を少しずらし、ひごが入る位置を作ってから、細い筆を使って表裏の編み目の間に木工ボンドを付ける。

3　端を5mmくらい残してカットしたら、ひごとひごの隙間にも木工ボンドを塗り、ずれないようにする。4時間以上乾かしてから、PVCを作りたいカードケースの形にカット。

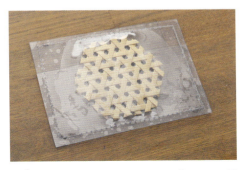

4　縦8cm×横10.5cmに切った2枚のPVCの間に、工程（3）で作った編地を挟む。落ちないように周りを縫うかカシメなどで留める。

**革**

# レザー
# 編み込みかご

人気のある六つ目編みのかごバッグ。作ってみたいと思いつつも、縁作りが大変であきらめてしまう人は少なくないようです。「より多くの人に、竹かご作りに親しんでもらいたい」という思いを込めて、清水貴之さんが初心者でも挑戦しやすい、六つ目編みのかごバッグを考えてくれました。縁の部分に革を用いることで、縁作りの大変さを軽減。さらに、革を竹かご全体に編み込むことで、竹と革という異なる素材の組み合わせに一体感を創り出しています。好みに応じて革の色を変えたり、クラフトテープを使ったり……。自分好みの工夫を、いろいろ楽しむこともできる「レザー編み込みかご」です。

# 「レザー編み込みかご」の作り方

**【材料】**
底編み用の竹ひご:幅5.5mm、厚さ0.4mm、長さ60cm×18本／胴編みひご:幅5.5mm、厚さ0.4mm、長さ60cm×5本／胴編みひご(身竹):幅4mm、厚さ0.4mm、長さ60cm×1本／幅3mm、厚さ0.4mm、長さ60cm×1本／黒い革紐:幅15mm、長さ3m×1本、赤い革紐:幅15mm、長さ1m×1本、力竹(仮力竹と同じもの)幅約1cm、長さ約10cm×3本

※竹ひごの本数は、ひごの作り方や編み方などで変わることがあります。

**【道具】**
木工ボンド／ハケ／ハサミ

高さ12.5cm
直径 14cm

❶革で縁部分を固定。仕上がりの雰囲気に変化をつけるのはもちろん、竹かごを作りやすくするのも異素材を使うメリット。
❷ハンドルは、黒と相性がいい赤をチョイス。差し色の効果が発揮されている。こうした色使いを楽しめるのも、異素材とのコラボレーションのおもしろさ。
❸「発色がいいので竹に合うのではないか」と清水さんは考え、黒をチョイス。いつもの竹かごとはちょっと違う、かっこよさを持ったオリジナルなかごに。

教えてくださるのは
清水貴之さん。

> **STEP1** 底編み・立ち上げ ～六つ目編み～

1　底編み用の竹ひごを18本用意。10ページの「六つ目編みの編み方」をもとに、六つ目編みで3周編む。

2　竹の皮面を下にして、六方すべてに曲げぐせをつける。

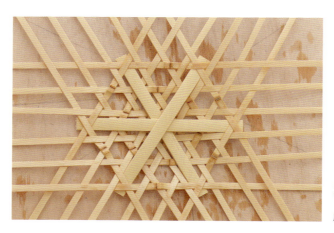

3　底部分に、仮力竹を3本入れる。

4　胴編みひごを入れて立ち上げていく。1本目は角ではないところから入れて、「1本すくう・1本おさえる」のパターンで編んでいく。

「レザー編み込みかご」の作り方

## 5

五角形が2つできたら、2本目（2段目）をその上に差し入れ、1本目と同じパターンで編んでいく。

▶ ワンポイントアドバイス

六つ目編みは、なれてきたら2段一緒に編むほうが、角がばらけず編みやすいです。左の写真は2段一緒に編んでいます。

## 6

1本目（1段目）が一周したら、スタートのところに編み終わりを重ねる。

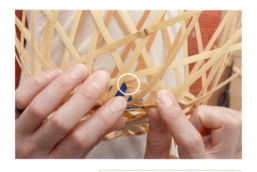

▶ ワンポイントアドバイス

バッグにする場合、スタートのところをあらかじめ斜めに切り落としておけば、バッグの内側が引っかかりません。

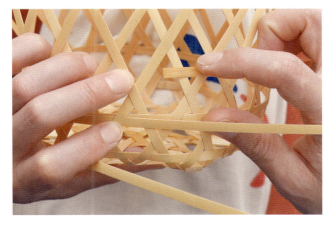

## 7

3本目（3段目）は、2本目（2段目）の編み終わりの1つ先からスタート。4本目（4段目）、5本目（5段目）も同様に、前の段の編み終わりの1つ先からスタートする。

049

**8** 5段編んだところ。

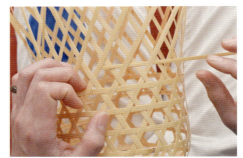

**9** 5段編んだら、今度は幅4mmの胴編みひご（身竹）で1周（6段目）編む。編み方は5段目までと同様に、「1本すくう・1本おさえる」のパターン。

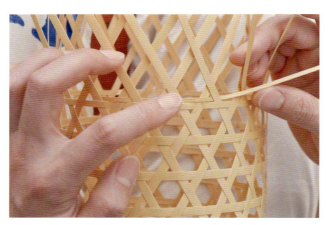

**10** 6段目を編み終えたら、幅3mmのひごを用意し7段目を編む。「左上がりのひごをすくう・右上がりのひごをおさえる」のパターンで、6段目のひごに沿うように編む。

▶ ワンポイントアドバイス

六つ目編みは右上がりのひごをすくっていますから、最後は、左上がりのひごをひろうと、しっかり留めることができます。

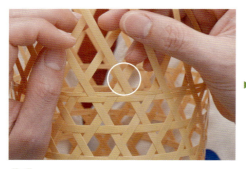 ▶

↑組み替えたところ

**11** 頂点の上下を組み替える。

「レザー編み込みかご」の作り方

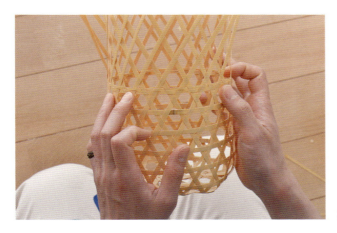

**12** 7段分、編んだところ。

**13** 木工ボンドを水で溶いたものを用意し、ハケで6段目と7段目の内側に塗る。

**14** 木工ボンドが乾いたら、内側からハサミを入れて、出ているひごを切る。本体が完成。

> STEP2　革紐を編み込む

**1** 革紐をかごの大きさに合わせてカットする。今回は32cm。革紐をひごの隙間に1列おきに入れていく。入れ方は「すくう・おさえる」のパターンでOK。1本目を入れたところ。

▶ ワンポイントアドバイス

最初は、右上がりのひごと並行して、革紐が右上がりからになるように入れていきます。

051

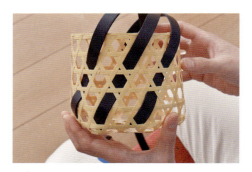

2 　3本入れたところ。

3 　かご全体に、1列おきに革紐を入れた状態。

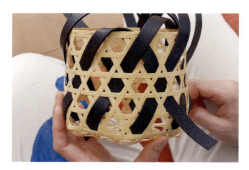

4 　上に出ている革紐を、内側から「1本すくう・1本おさえる」のパターンで入れていく。

▶ ワンポイントアドバイス

革紐がゆるまないように入れるのがポイントです。

5 　全部入れたら、余分な革紐をカットする。

6 　カットしたところをかご本体にしっかり入れて、形を整える。

「レザー編み込みかご」の作り方

7 底の仮力竹を取る。

8 かごのサイズに合わせて仮力竹の長さを調整して角を落とし、力竹として使う。

▶ ワンポイントアドバイス

仮力竹のほうが長いので、仮力竹を切りそろえれば力竹を作ることができます。

9 底に力竹を入れる。

10 手の部分に使う赤い革紐を用意。外れないように底面の編み目の隙間に入れる。

11 胴部分にも手に使う革紐が外れないように編み目の隙間に通す。

12 上で結んで完成。

▶ ワンポイントアドバイス

手に使う革紐は結ぶだけではなく、かしめで留めるとしっかり固定することができます。

053

**革**

# レザー
# ハンドルかご

同じ「革」という異素材との組み合わせでも、そもそもの竹かごの雰囲気や合わせ方を変えれば、全く違った印象のかごに仕上がります。安部仁美さんが提案するのは、舟のような形をした六つ目編みのかごに、レザーベルトを組み合わせた「レザーハンドルかご」。一般的な竹かごの場合、持ち手には籐を使うことが多いのですが、それを革にするだけで、ぐんとファッショナブルになりました。また、レザーベルトは取り外しできるので、本体だけで使うことも可能。キッチンではフルーツやパン入れとして、またリビングでは花器として使ったり……。高さがあるかごなので、多様な使い方ができるのも魅力です。

# 「レザーハンドルかご」の作り方

【材料】
竹ひご：幅4mm、厚さ0.6mm、長さ78〜80cm×28本（底編み用18本、胴編み用8本、縁用2本）／力竹：幅13.5mm、厚さ2.5mm、長さ8.5cm×2本／仮力竹×3本　※身竹で代用／持ち手用のレザーベルト：幅15mm、厚さ2.5mm、長さ91.5cm×1本／13mmのロットボタン×2組

※竹ひごの本数は、ひごの作り方や編み方などで変わることがあります。

【道具】
水を入れるボウル／小刀／剪定バサミ／金づち／ロットボタン／打ち具／ハサミ

高さ13cm
下部幅 9cm

上部幅 24.5cm

❶革との相性を考えたうえで考案した形状は、サイドから見ると舟の形。見る角度によって、表情が違うのも魅力。
❷竹も革も使うほどに質感が変わっていくので、その変化を楽しむことができる。
❸縁部分は共縁(ともぶち)。縁を付けるとかごの形が決まってしまうが、あえて縁を付けず曲線を活かした縁にすることで、オリジナリティのある形が生まれた。縁がない分、軽いし、透け感を出すこともできる。

教えてくださるのは
安部仁美さん。

## STEP1 編む・立ち上げ 〜六つ目編み〜

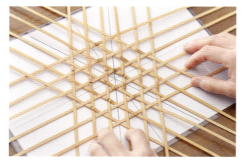

1　10ページの「六つ目編みの編み方」をもとに、底編み用18本を用い、六つ目編みで5段編む。

2　編地は水に浸す。曲げぐせがつきやすくなり、また、立ち上げのときにひごが折れにくくなる。

3　ひごの表面（皮の面）を裏にして、編地に曲げぐせをつけていく。

▶ ワンポイントアドバイス　曲げぐせをつけるときは、一気に曲げようとすると折れやすいので、手の温もりを利用し、数回に分けて行います。

4　写真を目安に、曲げぐせをつける。

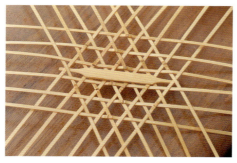

5　編地を表側に戻し、六角形の角に仮力竹を3本差し入れる。

▶ ワンポイントアドバイス　胴を編み始めるときは、胴編みのひごを水で少し濡らして、柔らかくしておきましょう。

「レザーハンドルかご」の作り方

6 段ごとに、左右にそれぞれ胴編みのひごを入れていく。1段目は六角形の一辺の中心(節のある場所)に2つの六つ目を作る。編地を表側にし、1本目は、五角形に沿った「右上がりのひごはすくう」「左上がりのひごはおさえる」の規則性で入れる。その際、節が真ん中にくるようにする。

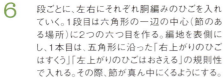

7 ○印の部分、右上がりのひごと左上がりのひごが交差する頂点を組み替える。

8 六つ目を2つ作ったら、左に60度回転させてひごを右方向へ曲げる。

9 右上がりのひごをすくうと、角は五角形に、隣りは六角形が2つができる。

10 右上がりのひごと左上がりのひごの頂点を組み替える。

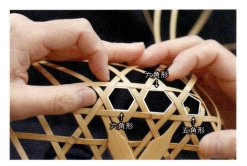

11 最初に編んだところに戻り、右に60度回転させる。右上がりのひごをすくうと、五角形1つと六角形2つができる。

12 2本目のひごは、1本目とは反対方向に、同じ手順で編んでいく。60度回転させ、右上がりのひごをすくうと、六角形が3つできる。

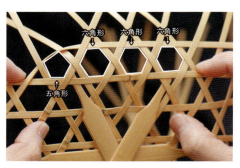

13 1段目だけは角に五角形ができる。

14 1段目ができたところ。

15 2段目(2本目)を編む。2段目は、1段目(1本目)を入れたところと節の位置を合わせて、右上がりのひごをすくい、左上がりのひごをおさえる。

▶ ワンポイントアドバイス

右上がりのひごをすくったら、交差した頂点を組み替えて固定し、六角形の形が広がらないように、1つずつ形を整えながら進みます。

062

「レザーハンドルかご」の作り方

16 　左に60度回転させる。

17 　五角形の先の2本を、右からきているひごを左へ、左からきているひごを右へ交差させる（右からきているひごが上になるように交差させる）。

18 　右上がりのひごをすくう。

19 　2段目からは角も六角形になる。

20 　右上がりのひごをすくう。六角形ができていく。

21 　右方向を編み終えたら、中心に戻り、右に60度回転させる。五角形の上の2本のうち、右からきているひごは左へ交差させる。

▶ ワンポイントアドバイス

22 　五角形の上の2本のうち、左からきているひごは右へ交差させる。

（21）（22）の工程では、右からきているひごが上になるように交差させます。

063

### 23

この要領で右上がりのひごをすくい、節のある中心から左右へと、六角形を作っていく。2段分、編んだところ。

▶ ワンポイントアドバイス

六つ目の形がきれいな正六角形で揃うようにするには、「隣りで作った形をコピーする」と意識するのがおすすめです。

### 24
4段編んだところ。力竹を抜く。

### 25
5段目は、2本のひごを同時に入れながら、本体を1周して、これまでと同様に編み進める。

### 26
節の位置を写真のように少しずらす。

「レザーハンドルかご」の作り方

27 右上がりと左上がりのひごの頂点を組み替える。

28 1つ作り固定したら、左方向へ進む。

29 最初の角までできたら、左にカーブするように編んでいく。

30 1周したら、始まりのひごと5cmぐらい重ねる。

31 1周したら、巻き終わりは写真のように出しカットする。

## STEP2 縁作り 〜共縁〜

1 組み替えた右上がりのひごが上になっているか確認する。

2 右上がりのひごのどこからスタートしてもよいので、1本選び、右隣り1、2本目をすくい、その右隣り3、4本目をおさえ、4本目の下へ差し込む。

3 写真の位置に差し込む。

4 写真のように差し込む。

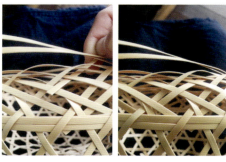

5 1周終わったら、左上がりのひごを入れていく。左隣り2本をすくい、その次の3、4本目をおさえ、写真のように出し、最後は内側へしまう。

6 全部編めたら再度、ひごが入っている方向に入れ込み、形を整える。

「レザーハンドルかご」の作り方

7 本体のひごを切らないように、はみ出ているひごを剪定バサミで切っていく。

8 内側のひごは、縁の上にのるようにカットする。

### STEP3 仕上げ

1 仕上げ用の力竹2本を用意。竹の皮が内側になるように、写真の位置に入れる。

▶ ワンポイントアドバイス

力竹を入れることによって、安定感と強度が高まります。

2 本体が完成したら、持ち手用のレザーベルトにロットボタンを付ける。ボタンを打つ位置は使い方次第で自由だが、今回は中心から13cmのところに付けている。

3 本体にレザーベルトを付ける。ベルトがはずれないように、底の編み目の隙間に入れていく。

4 完成。

067

**木綿**

# 竹と木綿の
# 手提げかご

かごの手の部分を布地にすれば、手提げかごとしてだけでなくショルダーバッグとしても使えたりと、持ち方の幅が広がります。一方の竹かごは、一般的な布製バッグと違い型崩れしないので、中に入れたものがつぶれる心配がありません。そこで、青物（青竹で作ったかご製品）を主とする勢司恵美さんが考えたのが、昔から日本の暮らしで親しまれてきた「木綿」と「竹」の組み合わせです。竹かごに木綿を付けるやり方は「和布工房 はんてん屋」さんの協力で実現したもの。この付け方をマスターすれば、他の素材の布地を付けたいときにも応用できます。

# 「竹と木綿の手提げかご」の作り方

**【材料】**
いかだ：幅1.5cm、厚さ2.5mm、長さ15cm×4本／骨ひご①：幅8mm、厚さ0.8mm、長さ50cm（※真ん中に節が1つあるもの）×5本／骨ひご②：幅8mm、厚さ0.8mm、長さ40cm（※真ん中に節が1つあるもの）×7本／力竹：18cm×2本／長ひご①（胴回しひご）：幅2.5mm、厚さ0.9mm、長さ4m×2本／長ひご②（胴回しひご）：幅2.5mm、厚さ1.1mm、長さ4m×4本以上／身竹：幅8mm、厚さ1mm、長さは作るかごの円周プラス5cm×1本／直径5cmの竹の輪／布（木綿）：幅38〜40cm、長さ80cm

**【道具】**
鉛筆／霧吹き／剪定バサミ／木工ボンド／クリップ／針と糸

高さ（布込み）約40cm

かごの高さ 約8cm

かごの円周 約65cm

❶「ござ目編み」は昔ながらの編み方。シンプルだが目が詰まっているので、中身が見えないし、中に入れたものが落ちない。❷使用する布は木綿のような伸縮性のない素材がおすすめ。青物は年月を経て色が変化するので、作り立ての青い色との相性だけでなく、枯れ草色になってからの相性も考えて布を選ぶとよい。❸いかだ底。「いかだ底」と「ござ目編み」の組み合わせは、かごのオーソドックスな編み方。

教えてくださるのは勢司恵美さん。

## STEP1 底を編む 〜いかだ底編み〜

**1** 骨ひご①を3本、いかだを2本用意。いかだのひごの中心に線を引いてから、骨ひごといかだを写真のように互い違いに並べる。その際、節の位置は中心から少しずらす。

**2** 骨ひご②を7本用意。縦に7本並べていく。1本目は、いかだをすくい・骨ひごをおさえる。

**3** 2本目は、骨ひごをすくい・いかだをおさえる。

**4** 工程(2)、(3)の要領で、7本入れる。

**5** 次は横ラインを編んでいく。「骨ひごを、すくう・おさえる」のパターンで、いかだを入れる。

**6** 骨ひご①を用意。「骨ひごを、おさえる・すくう」のパターンで、骨ひごを入れる。

**7** 下側も同様に、いかだと骨ひごを入れて、底編みが完成。

「竹と木綿の手提げかご」の作り方

### STEP2　立ち上げ・胴を編む　〜ござ目編み〜

▶ ワンポイントアドバイス

左利きの人は編んでいく向きが逆になります。
長ひごを編むときは、2本同時進行で編みます。

1　長ひご①を用意。この2本の長ひごは、編む前に水によく浸しておく。編む際は皮が常に上になるようにする。1本目。右から「すくう・おさえる」のパターンで編む。起点になる最後は「すくう」で終わる。

2　角は長ひごを半ひねりさせて、ぐいっと曲げる。半ひねりするときも竹の皮が常に上になるようにする。

3　右の辺は、「おさえる・すくう」で編む。

4　2本目。スタート位置は1本目と同じだが、編みパターンは1本目の逆で「おさえる・すくう」。

5　角のところは1本目と同様に半ひねりしてから、右の辺は「すくう・おさえる」のパターンで編む。

075

6　1周と1辺編んだところ。

7　仮力竹を入れる。

8　いかだ底を裏返しにする。霧吹きで立ち上げるところを濡らす。

9　曲げぐせをつける。写真のように、手でおさえているところまでしっかり曲げる。同じ要領で四辺全てに曲げぐせをつける。

▶ ワンポイントアドバイス

いっぺんに曲げるとひごが折れやすいので、2、3本ずつ曲げるのがおすすめです。

10　力竹が入っているほうを自分側に向けておさえるようにし、左手でおさえながら右手で編んでいく。

▶ ワンポイントアドバイス

ひごの状態によっては、角を編むときに、3段目も半ひねりが必要な場合があります。

「竹と木綿の手提げかご」の作り方

11　編みながら、曲げぐせをつけたところを左手でおさえて、曲げぐせがしっかりつくようにする。

12　長ひご①の1・2本目が編み上がったところ。

13　長ひご②を継ぐ。ただ重ねると厚みが出てしまうので、編んできたひごの終わりの部分と、継ぐひごの編み始めの部分の双方とも薄く剥ぐ。

手で先を折る。

身側を剥ぐ。

編んだ骨ひごの4本分くらいの長さが目安。

14　長ひごの終わりは、骨ひごをおさえる位置で終わらせる。それも含めて、手前に骨ひご4本分、新しいひごを重ねる。

077

15 これまでと同様「すくう・おさえる」のパターンで編み進める。

16 6本編み終えた状態。

▶ ワンポイントアドバイス　角の骨ひごは、最初の頃はV字になっています。編んでいきながら寄せて等間隔にしましょう。

17 最後に編んだひごの編み終わりは、徐々に細くする。

18 編み終えたら、仮力竹は外す。

19 下に目を詰める。

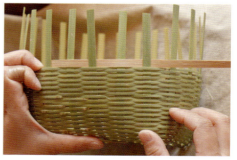

20 一番上に身竹を入れる。身竹は、最後に編んだ長ひごとは逆のパターン「すくう・おさえる」で編む。

「竹と木綿の手提げかご」の作り方

**21** 編み終わりは重ねて入れる。

**22** 身竹の一番上のぎりぎりのところで、出ている骨ひごを剪定バサミで切る。

**23** 骨ひごと身竹を木工ボンドで固定する。

### STEP3 布（木綿）を付ける

1　布を用意。

2　5mmくらい重なるように上下を折る。

▶ ワンポイントアドバイス

今回は耳がそのまま使えるので木綿の着物地（38～40cm）を使用。それ以外の布の場合は、両端（80cmの方）を3つ折りして縫ったものを用意しましょう。

3　中心に印を付ける。

4　中心を起点に左右約10cmの重なっている部分だけ縫う。

5　縫った部分を下向きにし、布幅の中心をかごの短い方の辺の中心に合わせて、布をかごの内側に入れ、クリップで仮止めしていく。

6　骨ひごを巻き込みながら、返し縫いで縫っていく。身竹の下の隙間に針を入れ、1周縫う。

080

「竹と木綿の手提げかご」の作り方

7　1周縫ったところ。

8　布をひっくり返したら、竹かごに沿うように下に引く。

9　クリップで仮止めをしてから、縫っていく。布に合う糸を選んで2本取りにし、1周目と同じように骨ひごを巻き込みながら、返し縫いで縫っていく。1周目と違い、布で骨ひごが見えないので、かごの内側からのぞき、針で探りながら、1周目と同じところに針を刺すようにする。

10　2周目を縫い終えた状態。

11　布を上に引き、持ち手のところに竹の輪を入れて完成。

ワイヤー

# 竹&ワイヤー
# バスケット

100円ショップのワイヤーバスケットを利用して、竹かご風バスケットを手軽に作ってしまうアイデアを、渡辺文明さんが教えてくれました。既存のワイヤーバスケットに竹ひごを編み込むだけですから、難しい立ち上げも縁作りもありません。初めての人でもトライしやすいので、練習用としてもおすすめです。とはいえ、竹かごらしさはしっかり演出したいもの。節のあるひごと節のないひごの組み合わせなど、渡辺さんが編みやすさと竹かごらしさのバランスを考えて、ひごの幅や本数をチョイスしてくれました。

# 「竹&ワイヤーバスケット」の作り方

【材料】
短いひご:幅6mm、厚さ0.6mm、長さ約42mm×24本／細いひご:幅3mm、厚さ0.7mm、長さ約80mm×5本 ※細いひごはワイヤーバスケットの外周プラス8cmくらいが目安。／丸籐:直径約8mm、長さ約70mm×2本／ワイヤーバスケット:縦16cm、横20cm、高さ20.5cm×1つ

※竹ひごの本数は、ひごの作り方や編み方などで変わることがあります。

【道具】
ニッパー／竹割り包丁／結束バンド／木工ボンド

高さ 10.5cm
横 20cm

❶❷節のないひごが2本と節のある細いひご1本をワンセットで考えるデザイン。「節のあるひごは編みにくいけれど、節によって竹かごらしさを演出できます。そこで全体のバランスを考え、部分的に使いました」と渡辺さん。また、手の部分に丸藤を付けることで、ワイヤーの硬質な印象を和らげ、竹の温もりのある質感に近づけている。
❸用途によって、底板を用いるのもOK。その場合、底板の角はカットして丸みを持たせる。

教えてくださるのは
渡辺文明さん。

> **STEP1** 編む 〜あぜござ目編み〜

1 ワイヤーバスケットを用意する。

▶ **ワンポイントアドバイス**

編みひごは、編んでいく途中で割れるのを防ぐため、あらかじめ2、3時間水に浸しておきます。

2 あぜござ目編みで編んでいく。短いひご1本目を編む。ワイヤーバスケットの長辺の側面に「すくう・おさえる」のパターンで入れていく。ひごが、ワイヤーバスケットの長辺の真ん中になるように合わせる。

3 短辺の側面も「すくう・おさえる」のパターンだが、斜めに入れる。反対側の短辺の側面も同様に、斜めに入れる。

4 短いひご2本目を編む。まだ編んでいない長辺に、1本目と同様に「すくう・おさえる」のパターンでひごを入れ、ひごが長辺の真ん中になるように合わせる。

5 1本目のひごと同様に、2本目のひごも短辺に斜めに入れる。すでに編んである1本目のひごと合わせてバッテンを作る。

「竹&ワイヤーバスケット」の作り方

6 バッテンになったところを重ねて、写真のようにおろす。

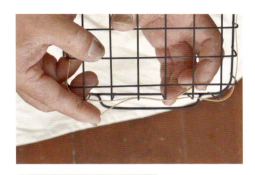

▶ ワンポイントアドバイス

おろすとき、ちゃんと2つのひごが重なっていることがポイントです。

7 短いひご3本目で2段目を編んでいく。2段目は1段目のスタートと違うところから始める。今回は短辺からスタート。

8 2段目も「すくう・おさえる」のパターンで編み、ひごの終わり部分は斜めに入れる。

▶ ワンポイントアドバイス　つなぎ目の位置をばらばらにしたほうが、つなぎ目が目立たなくなります。そこで、スタート場所はあえてずらすようにします。

9 1段目と同様に、重なるところでバッテンを作る。

10 バッテンを作ったら、1段目と同様に、重ねて下におろす。

087

## 11

長いひごを用意。3段目は、長いひごで編む。長いひごは「おさえる・すくう」のパターンで、長辺から編んでいく。

▶ **ワンポイントアドバイス**

節の部分は折れやすいので、節に負担をかけないように両手でゆっくり引いたり押したりしながら入れていきます。

## 12

節の部分は負担がかからないように、ワイヤーのおさえになる位置に合わせる。

▶ **ワンポイントアドバイス**

節の位置はワイヤーの上であればどこでもOKです。作りたいデザインに応じて自由に選びましょう。

## 13

1周編む。

## 14

編み終わりは、短いひごと同様に重なりができるようにする。

「竹&ワイヤーバスケット」の作り方

15 「短いひごを2段編んだら、長いひごを1段編む」のパターンで編み進める。9段目（3本目の長いひご）を編んでいるところ。

▶ **ワンポイントアドバイス**

角がないので、ぴたりとつけたくなってしまいますが、ぎゅうぎゅう押し込むと、仕上がりが角張った感じになってしまいます。角を編む際は、押さえ込まないように意識しましょう。

16 12段目を編むところ。

17 17段編んだところ。最後は短いひごで終わり。

18 編み終えたら出ているひごを、ワイヤーから1cmぐらいを目安にニッパーでカットする。

19 内側も同様にカットする。

089

## STEP2　手の仕上げ

1　今回はワイヤーが3mmなので、それより少し大きめの約3.5mmの貫通穴をあけた丸籐を用意。

2　竹割り包丁で半分に割る。

3　半分に割った片側に、木工ボンドを付ける。

4　ワイヤーの手の部分に、割った丸籐を合わせて付ける。

5　結束バンドでしっかり固定させる。

6　木工ボンドが乾いたら結束バンドを外して、完成。

「竹&ワイヤーバスケット」の作り方

# Chapter 2

## その他のアイテム

盛りかごやオーナメントなど、
異素材と組み合わせるアイデアは、
いろいろなアイテムで試せそうです。

**和紙**

# 和紙&透かし網代の盛りかご

深さがあるので、果物入れはもちろん、子どものおもちゃ入れや編み物の道具入れなど、いろいろな用途に使える、児玉美重さんの盛りかご。上質な雰囲気を持っているので、手付きにすると、花かごとしても利用できます。この使い勝手の良い盛りかごの底に、PP（ポリプロピレン）を敷き入れ、その間に和紙を挟むというアイデアを提案してくれました。「今回は和紙を選びましたが、お気に入りの絵や押し花など、好きなものを入れて楽しむことができますよ」。アイデア1つで、作る楽しみも使う楽しみも広がっていきます。

# 「和紙&透かし網代の盛りかご」の作り方

**【材料】**
竹ひご：〔幅2mm、厚さ0.5mm、長さ48cm×43本〕×2セット／胴輪用のひご：幅5mm、厚さ2mm、長さ80cm以上（62.8cm＋合わせ8cm）／手付き用竹：幅3mm、厚さ1.5mm、長さ75cm以上×2本／和紙：直径13cm×1枚／PPシート：直径13cm×2枚

※竹ひごの本数は、ひごの作り方や編み方などで変わることがあります。

**【道具】**
鉛筆／輪弧立て（竹ひごを重ねて作る。今回は竹ひご6本を使用）／洗面器／木工ボンド／剪定バサミ／くじり

❶底がPP（ポリプロピレン）なので、汚れても拭けるのもメリット。ある程度の深さがあるかごは、用途の幅が広がる。
❷間隔を規則的にあけて網代を編むことで、美しい編み目が生まれる透かし網代編みは、目を均一になるように揃えるのがポイント。ていねいに行うかで、仕上がりの美しさが左右される。
❸手付きのところは、縁とやわらかな盛りかごの雰囲気に合わせて、竹を使いくるっと巻くだけのシンプルな取り付け方に。

教えてくださるのは
児玉美重さん。

## STEP1 底を編む 〜輪弧編み〜

1 底編み用のひご86本を用意し、ひごの真ん中に鉛筆で印を付けていく。編んでいくときに印が円の中心になるようにするため。

2 輪弧編みを編むときに必要な、6本の竹ひごを重ねた「輪弧立て」を作る。竹ひごは材料を取るときに余ったものや、身竹を利用。幅は5mmくらいで長さは10〜15cmくらいで段々になるように作る。

3 輪弧立ての1本目と2本目の間に、1本目のひごを入れる。

4 輪弧立ての2本目と3本目の間に、2本目のひごを入れる。

5 輪弧立ての3本目と4本目の間の上から、3本目のひごを入れ、輪弧立ての2本目と3本目をおさえる。

6 輪弧立ての4本目と5本目の間の上から、4本目のひごを入れ、輪弧立ての3本目と4本目をおさえる。

「和紙&透かし網代の盛りかご」の作り方

7 工程(3)〜(6)の要領で編み進める。輪弧立てがなくなったら、編んだひごを輪弧立てと考え、これまでと同じ要領で編む。8本目を編んだところ。

8 11本目のひごを編んだところ。

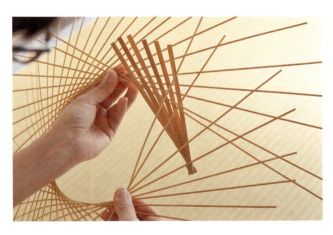

9 43本目のひごを編んだところ。輪弧立てが入っているところに、編んできたひごを入れる。

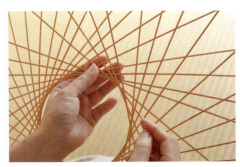

10 編んできたひごを入れた状態。

## 11

丸く整えながら、直径11cmになるようにする。その際、鉛筆の印が見えたら、見えない位置までずらす。編地が1枚完成。

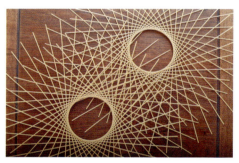

## 12
同じ要領で、編地をもう1枚作る。

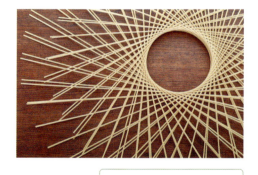

▶ ワンポイントアドバイス

2枚重ねたとき、ピタリと重なるのが理想。そのためにも、ひごの間隔を同じになるように気をつけましょう。

## 13

編み進めるときに折れにくくするために、30分以上は水に浸しておく。

「和紙&透かし網代の盛りかご」の作り方

### STEP2 底に和紙をセット・胴を編む ～透かし網代編み～

1 輪弧底の直径よりプラス2cmを目安に、和紙とPP（ポリプロピレン）シート2枚をカットする。今回の場合は13cm。2枚のPPシートの間に和紙を挟む。

2 輪弧の編地の上におく。

3 その上に2枚目の輪弧の編地をおく。

4 おくとき、上の編地は少し左に回転させてずらす。動かないように文鎮をおく。

少しずらした状態。

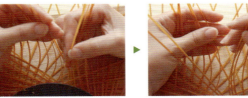

5 上下の編地を組ませるため、下の編地の左流れのひごを、上の編地の右流れのひごの上に乗せる。

6 左流れのひごが右流れのひご1本の上に2本並んでいるが、それぞれ上下の編地のひご（左側が上の編地のひご、右側が下の編地のひご）。同じ要領で1周組んでいく。

103

**7** 工程(6)で2本そろったひごの左側のひごは、右流れのひごを3本おさえる。右側のひごは、右流れのひごを2本おさえる。

**8** 交差した状態。

**9** 同じ要領で、1周交差させていく。

▶ ワンポイントアドバイス

最初に組んだときの編み方が、均一な幅で同じ流れになっていないと上下のひごを交互に交差させることが難しくなります。最初の段階できれいに編むことがとても重要です。

**10** 1周編んだところ。

**11** 目を詰めていく。ひっくり返して同様に目を詰める。

**12** 目を詰めた状態。

「和紙&透かし網代の盛りかご」の作り方

**13** 「右流れのひごが、左流れのひごを3本おさえる」ように、1周分編んでいく。

**14** 1周分編んだら、目を詰める。ひっくり返して同様に目を詰める。

**15** 左流れのひごが、右流れのひごを2本おさえる」ように1周分編み、これまでと同様に目を詰める。これ以降、「2本おさえる」を繰り返す。

編み終わりが27cmになるように編む。

**16** 洗面器を型代わりして、輪弧の編地を押し込む。

**17** 右流れと左流れのひごの間に、直径20cmの胴輪（どうわ）を入れ込む。

▶ ワンポイントアドバイス

胴輪は、かごの形を作ったり固定したりするために使う竹の輪。胴輪のサイズによって、かごのサイズを決めることができます。

105

18　洗面器から出して、形ができた状態。

19　胴輪を挟んで巻き込みながら、「左流れのひごを、右流れのひごで3本おさえる」。このパターンで1周分編む。

20　次は「右流れのひごを、左流れのひごで2本おさえる」のパターンで1周分編んだら、「左流れのひごを、右流れのひごで2本おさえる」のパターンで1周分編み、次は「右流れのひごを、左流れのひごで3本おさえる」のパターンで編み、ここで一度目をそろえる。

21　左流れのひごを詰めていく。

22　左流れのひごが倒れた状態。

23　右流れのひごも倒したら逆さまにして、水に30分くらい浸しておく。その際、胴輪は合わせの部分に木工ボンドを使っているので、その部分は水につからないように注意する。水から出したら、再度、目をそろえる。

▶ ワンポイントアドバイス

右流れのひごを内側に入れ込んでおくと、水に浸けやすくなります。

「和紙&透かし網代の盛りかご」の作り方

### STEP3　縁作り 〜共縁〜

1　右斜め上を向いているひごの右隣り5本目と6本目、下から4段目のところに、右斜め上を向いているひごを裏から入れる。

2　(1)の手順で、1周分編んでいく。

3　1周分、編んだところ。

4　4cmの長さに合わせて、剪定バサミで切りそろえる。

5 　3本隣りのひごの間に入れていく。

6 　一周分入れたところ。

7 　布を使い、おさえて回しながら、竹をなじませる。

8

本体の完成。

「和紙&透かし網代の盛りかご」の作り方

## STEP4 手を付ける

1 手竹（手に使うひご）を1時間くらい水に浸しておく。手竹の両端を4枚剥ぎにする。4枚剥ぎにした50cmの端が、縁のところにくるようにする。

2 写真の位置にくじりで隙間をあけ、手竹を入れる。

3 先端を右に回す。

4 右から左へと後ろに回して、左下の編み目から出す。

▶ ワンポイントアドバイス

手竹が十分に水に浸されていないと、この作業のときに折れやすくなります。

5 ひごの右から左へ通して縛る。

6 先端を右6つ先の編み目に入れる。この要領で、反対側にも手を付ける。

7 2本目の手竹を、1本目の手竹の5つ先の目に入れて、同じ要領で結ぶ。

8 1本目の手竹に、2本目の手竹を2回絡める。

9 2本目の反対側も、同じように5つ先の編み目に入れる。

10 結んで完成。

「和紙&透かし網代の盛りかご」の作り方

(上)底面に和紙ではなく、木を入れたバージョン。
(下)陶器と組み合わせたバージョン。

**プラスチック**

# 半透明プラスチック&
# 山路編みバスケット

「竹かごの編み目」と「プラスチックの半透明」。どちらも光を通したときに、その美しさを楽しむことができるものです。「ならば、それらを組み合わせてみては」と考えた渡辺文明さんが、照明として使える竹かごを作ってくれました。利用したのは、100円ショップで売っているプラスチック製のバスケット。それを型にして「山路編み」で編んでいきます。編み目は小さいですが、プラスチックの半透明を通した柔らかな光との雰囲気が絶妙。もちろん照明だけでなく、リビングや仕事場など、日々の暮らしの中で活躍できる「半透明プラスチック&山路編みバスケット」です。

# 「半透明プラスチック&山路編みバスケット」の作り方

【材料】

骨ひご:幅7mm、厚さ1mm、長さ約30cm×26本／胴回しひご:幅6mm、厚さ0.8mm、長さ2m×7〜8本／細いひご:幅1.2mm、厚さ0.6mm、長さ2m50cm×4本／外縁用の竹ひご:幅10mm、厚さ2.5mm、長さ80cm×1本／内縁用の竹ひご:幅10mm、厚さ1.3mm、長さ80cm×1本／底用の外縁の竹ひご:幅10mm、厚さ2.5mm、長さ65cm×1本／柾:幅5mm、厚さ3mm、長さ80cm×1本／籐:約3m×2本／プラスチック製バスケット:上部の直径20cm(底の直径16cm)、高さ20.5cm×1つ ※上部の外周62cm

※竹ひごの本数は、ひごの作り方や編み方などで上下することがあります。

【道具】

マスキングテープ／鉛筆／メジャー／剪定バサミ／小刀／木工ボンド／くじり／結束バンド

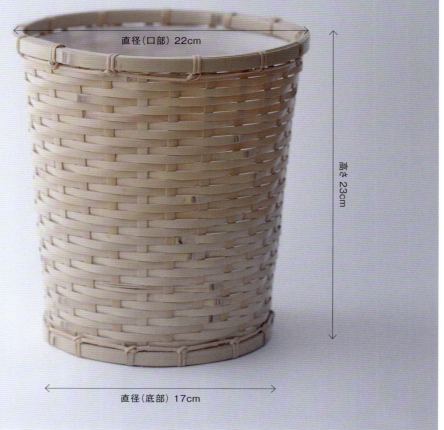

直径(口部) 22cm

高さ 23cm

直径(底部) 17cm

❶「山路編み」は、「ござ目編み」から派生した編み方の一つ。その名の通り、山を登っていくような斜めの模様が特徴的。モダンな雰囲気なので、暮らしのいろいろなシーンで使えるバスケット。
❷大和結びは、籐巻きの基本的な巻き方の1つ。難しい結び方だけれど、覚えておくと広く応用できる。

教えてくださるのは
渡辺文明さん。

### STEP1 胴を編む① ～山路編み・二本縄目編み～

1 バスケットにマスキングテープを貼って、高さ10cmの位置に基準線を引く。今回合わせるバスケットの外周は55cmだから、55cm÷骨ひご26本＝約21.15mm。なので約21mm間隔でマスキングテープに印を付ける。

▶ ワンポイントアドバイス

基準線を引いておくと、編みあがりが斜めになったり、不揃いになるのを防ぐことができます。

2 印を付けたところに、骨ひごを1本ずつマスキングテープで貼っていく。

3 2本目を貼っているところ。

4 6本目を貼っているところ。数が増えるにつればらけやすいので、マスキングテープでしっかり固定させる。

5 26本目を貼っているところ。

6 マスキングテープを二重、三重に貼り、骨ひごを固定させる。

7 回しひごを用意し、山路編みで編んでいく。「1本すくう・2本おさえる」のパターンを繰り返す。

▶ ワンポイントアドバイス

骨ひごを26本使ったのは、右上がりの模様にするためです。「すくう」パターンを変えると、上っていく方向を変えることもできます。

8 1本目を編んだところ。

116

「半透明プラスチック&山路編みバスケット」の作り方

9 「1本すくう・2本おさえる」のパターンで編み進め、7段編んだところ。

10 回しひごを継ぐときは、編んできたひごの最後のところに重ねるようする。

▶ ワンポイントアドバイス

マスキングテープを貼っただけではしっかり固定していなかった骨ひごが、編んでいくうちに固定されていきます。骨ひごが曲がったまま編み終えてしまわないように、編みながら骨ひごの位置を調整しましょう。

11 4本目の回しひごは半周分くらい残して、余分なひごを剪定バサミでカットする。

12 カットしたひごの先を、小刀で少しずつ細く削る。

13 カットしたひごは「2本おさえる・1本すくう」で編みこむ。

14 最後の回しひごを編んだ状態。最後まで編むと、バスケットにぴったり沿うほど固定されてくる。

117

### STEP2　胴を編む② 〜縄目編み〜

1　細いひごを用意。回しひごの編み終わりに重ねるように1本目を入れ、2本目は隣りの骨ひごのところから1本目の下に入れる。

2　1本目・2本目のひごで骨ひごをはさむようにする。

3　2本の細いひごで骨ひごを常にはさむようにし、1本目・2本目のひごを交互にしながら編んでいく。

4　5段（約1cm）編んだら、余分なひごをカットする。

5　固定用のマスキングテープをはがし、バスケットから外す。

6　バスケットから外したところ。

### STEP3　縁作り 〜大和結び〜

1　146ページの「縁作りをマスターしよう」をもとに、バスケットの底部分の外縁・内縁を作る。

2　縄目編みの編地部分の裏表に木工ボンドを塗る。

118

「半透明プラスチック&山路編みバスケット」の作り方

3 底部分に、外縁と内縁を合わせる。

4 結束バンドで固定する。

5 縁の合わせのところを起点に、骨ひごの1つ飛びの位置に鉛筆で印を付ける。

6 籐を用意し、籐の先を小刀で削っておく。縄目編みの下の位置に、くじりなどの先の尖った道具で隙間をあけ、鉛筆で印を付けた位置に籐を差し込む。始める位置はどこでもよい。

▶ ワンポイントアドバイス

差した籐は巻き終わりとつなぐため、20cmぐらい出しておきます。

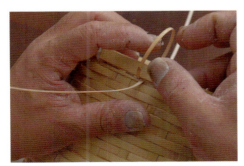

7 縁を2周して輪を作り、できた輪の隣りから差し出す。

8 一方の籐（先端を削っていないほう）が横向きになっている状態。その下にひごを入れる。

119

**9** 写真のように籐を巻いていく。

**10** 巻いた状態から、写真のように横向きの下から籐を差し入れ輪を作る。

**11** 輪の中に籐を通し、引っ張って縛る。

▶ ワンポイントアドバイス

内縁側で籐が交差しないように気をつけましょう。

**12** 結んだところの隣りの印を付けた位置に、籐を通す。

**13** 1つ目と同様、工程(6)〜(11)で進める。編みながら結束バンドを外していく。

**14** 最後の結びは写真のところで止めておく。

**15** スタートのとき、長く残しておいた籐の端の結び目を、左側に上から入れる。

**16** 結び目を2本の間に左から通して、工程(15)でできた輪に入れて籐を絞める。

**17** 編み終えたらバスケットを入れる。

「半透明プラスチック&山路編みバスケット」の作り方

## STEP4　胴を編む③　〜山路編み〜・上の縁を付ける〜

1　残りの胴を編む。「胴を編む①」の山路編みのパターン「1本すくう・2本おさえる」で編んでいく。

2　バスケットの上まで編めたら、上の縁を付ける。今回は外縁と内縁の間に入れる柾（まさ）を1本用意。

▶ **ワンポイントアドバイス**

柾は柾割竹（まさわりだけ）のことで、竹を放射方向に割ったものです。皮部分が横側面となって竹の内側の肉部分が幅となります。横に曲げやすいという特性があります。柾がない場合、籐芯で代用できます。

3　柾を乗せる前に柾の先を削る。削っておくと最後に重ねるとき、沿いやすくなる。

4　外縁と内縁のひごの間に柾を入れる。編地の上にぴったり合わせて結束バンドで固定し、底部分の縁と同様に、STEP3の工程（6）〜（11）と同様に大和結びで結んでいく。

5　完成。

**シルバー**

# 五角球の
# オーナメント

竹ひごを使って、球体を作ることもできます。中でも人気があるのが「五角球」です。ここでは五角球の作り方と併せて、シルバーと組み合わせたオーナメントを作るアイデアも紹介します。シルバーのキラキラした素材感と、竹の特徴の1つでもある洗練された雰囲気が程よく調和し、素敵なオーナメントに仕上がりました。アレンジ次第でアクセサリーにもなりますし、竹以外の素材でもできる編み方ですから、この機会にマスターしていろいろな素材で試してみてください。

# 「五角球のオーナメント」の作り方

**【材料】**
輪っか用の竹ひご:幅4mm、厚さ0.4mm、長さ15cm×1本／竹ひご:幅4mm、厚さ0.4mm、長さ20cm×7本／シルバー:約1m

※竹ひごの本数は、ひごの作り方や編み方などで変わることがあります。

**【道具】**
細い針金／剪定バサミ／丸い棒／クリップ／霧吹き／ニッパー

教えてくださるのは
清水貴之さん。

直径 3.5cm

**STEP1** 五角球を作る

1　直径3.5cmの五角球を作る。輪っか用のひごを丸い棒に巻き付けてくせをつける。

2　直径3.5cmの円にし、クリップで留める。

3　細い針金で、2カ所仮止めをする。

4　20cmのひごで五角形を編んでいく。1本目を斜めにおく。

5　2本目は、1本目をすくう。

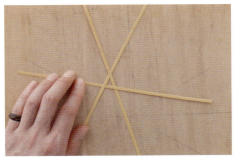

6　3本目は、2本目をすくい、1本目をおさえる。

7　4本目は、3本目をすくい、2本目をおさえ、1本目をすくう。

**8** 5本目は、1本目と2本目をすくい、3本目と4本目をおさえる。

**9** 1本目と2本目の頂点（写真の丸印）の上下を組み替える。

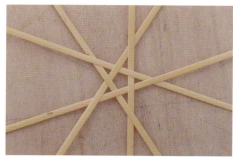 

**10** 五角形ができた。

**11** ひっくり返して、少し霧吹きで湿らせる。

「五角球のオーナメント」の作り方

**12** 工程(3)で作った輪っかを用意。五角形の真ん中を指でおさえ、V字の右側のひごをひろう。

**13** V字の右のひごは全部で5本あるので、全てひろい、工程(3)の輪っかの中に入れる。

**14** 5本全部入れたら、輪っかを下に押し込む。

**15** 丸い形ができてきた。

**16** 輪の外側のひごと、輪の内側のひごの上下(写真の丸印)を組み替える。

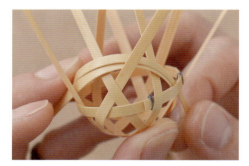

**17** 隣りの左上がりのひごをおさえ、その隣りの右上がりのひごをすくい、同じ1本のひごの反対の端に重ねる。

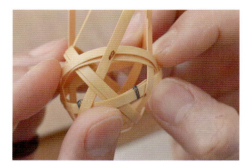

**18** 同様に、左上がりのひごをおさえ、その隣りの右上がりのひごをすくい、同じ1本のひごの反対の端に重ねる。この要領で、3、4、5本目も編む。

**19** 5本目を編んだら、大きさが直径3.5cmになるように、合わせの長さを調整する。

▶ ワンポイントアドバイス

五角形がそろっていればきれいな球になるので、五角形の形をきちんと整えておきましょう。

**20** Chapter3『やたら編みガラスラップ』で紹介した「やたら編み」を参考に、残っている2本のひごを、あいている隙間に差し込んでいく。

**21** 出ている余分なひごをカットする。

「五角球のオーナメント」の作り方

22 五角球ができた。

23 輪っかの仮止めの針金を切る。

**STEP2** シルバーを巻き付ける

1 編み目の隙間にシルバーを入れて巻き付けていく。巻き付け方は、やたら編みの要領でよい。

2 だいぶ編めたところ。

3 余分なシルバーをニッパーで切り、カットしたところはひごの隙間に入れて、完成。

**布&綿**

# 針 山

昔から裁縫道具として使われてきた針山。『竹と木綿の手提げかご』で紹介した「ござめ編み」の編み方をマスターすれば、竹かごを使った針山を作ることができます。小さいものなので細かい作業が大変ですが、長ひごはできるだけ折れにくいようにと節が低いものを選び、厚みの薄いひごにするなど、小さくてもやりやすい方法を勢司恵美さんが考えてくれました。

# 「針山」の作り方

**【材料】**
骨ひご:幅3mm、厚さ0.6mm、長さ15cm×12本／長ひご（胴回しひご）:幅2mm、厚さ0.4～0.5mm、長さ210cm以上×2本／力竹:6cm×2本／厚紙（5cm四方）／布（5cm四方）／布（直径約18cm）／綿（量は好みで）

**【道具】**
霧吹き／剪定バサミ／木工ボンド／針と糸

教えてくださるのは
勢司恵美さん。

高さ 3cm

周囲 24cm

## STEP1 底を編む ～四つ目編み～

1　骨ひごを縦に6本並べる。

2　1本目。右から「すくう・おさえる」のパターンで編む。

3　2本目。右から「おさえる・すくう」のパターンで編む。

4　3本目。右から「すくう・おさえる」のパターンで編む。

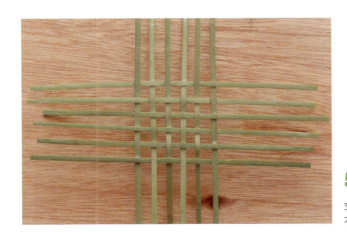

5　交互に行う要領で、6本編んだところ。大きさは4.5cm×4.5cmが目安。

## STEP2 胴を編む ～ござ目編み～

▶ ワンポイントアドバイス

編み方は『竹と木綿の手提げかご』の「STEP2 立ち上げ・胴を編む～ござめ編み～」を参考にしてください。

**1** 長ひごを2本用意し、水で濡らしておく。1本目は「すくう・おさえる」、2本目は「おさえる・すくう」のパターンで、2本同時に編んでいく。編むときは、竹の皮が上になるように気をつける。

**2** 角は、長ひごを半ひねりしてから、右の辺は「おさえる・すくう」のパターンで編む。

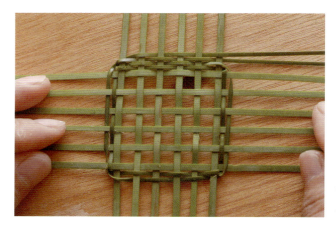

**3** 1周と1辺編んだところ。

**4** 力竹を入れる。

**5** 裏返して、霧吹きで濡らす。

「針山」の作り方

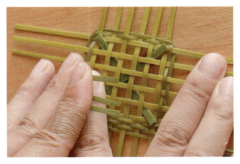

6 曲げぐせをつける。

7 「すくう・おさえる」のパターンで編んでいく。

8 編み終えたところ。

9 下に目を詰める。

10 最後に編んだひごの編み終わりを、徐々に細くする。

135

11  出ている骨ひごを剪定バサミで切る。

12  一番上が外れないように、一番上の段のひごと骨ひごを木工ボンドで固定させる。

13
かご本体が完成。

「針山」の作り方

### STEP3　クッションを作る

1　5cm×5cmの厚紙（段ボールでもよい）に5cm×5cmの布を付ける。

2　工程（1）で作ったものを、かごに敷く。

3　直径約18cmの円に切った布地を用意。

▶ ワンポイントアドバイス

針が下から突き出ると危ないので、厚紙などを敷きましょう。その際、厚紙の下に布を敷いておけば、下から見たときの見栄えがよくなります。

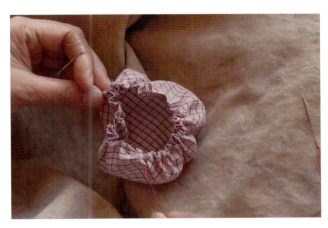

4　口の部分をぐるっと1周縫って絞る。

5　布の中に綿を入れる。

6　口を縛って止める。

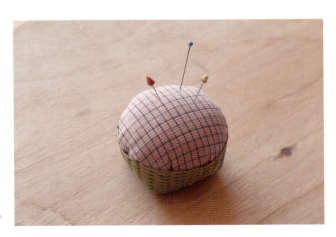

7　かごに入れて完成。

137

Chapter
# 3
## 包む
異素材を竹かごで包んでみたら……。
竹かごの使い方はもちろん楽しみ方まで、
ぐんと広がりました。

**ガラス**

# やたら編み
# ガラスラップ

竹かご本体に異素材を組み合わせるだけでなく、「包む」ことでも、異素材とのコラボレーションを楽しむことができます。例えば、ふだん使っているガラスの器を竹で包んだら……。清水貴之さんのアイデアで、まったく違う雰囲気の器になりました。付け外しは簡単にできるので、週末は竹カバーで器を包んで非日常的な食卓を楽しんだりと、器の使い方も広がります。

# 「やたら編みガラスラップ」の作り方

【材料】
3種類の編みひご：幅8mm、厚さ0.5mm、長さ35cm×3本／幅6mm、厚さ0.4mm、長さ35cm×3本／幅4mm、厚さ0.4mm、長さ35cm×2本／長さ3mの巻き籐×1本
外縁：幅8mm、厚さ1.2mm、長さ64.5cm×1本 ※外縁の長さは器の円周＋2cm＋合わせ8cm／内縁：幅8mm、厚さ1mm、長さ63.5cm×1本 ※内縁の長さは器の円周＋1cm＋合わせ8cm／ガラスボウル：直径17cm、高さ7cm×1つ

※竹ひごの本数は、ひごの作り方や編み方などで変わることがあります。

【道具】
のこぎり／幅とり小刀／竹割り包丁／木づち／小刀／細い針金／ケーキ型／クリップ／工業用ドライヤー／木工ボンド／結束バンド／ハサミ／ニッパー／くじり

直径 18cm
高さ 8cm

❶「ざっくりした雰囲気にしたかったので、編み方はやたら編みを選び、大きな編み目になるよう意識しました。ガラスと竹、それぞれの素材の良さを引き立てることができます」と清水さん。
❷角度をちょっと変えるだけでも、かごの雰囲気が違って見えるのが、やたら編みのおもしろさ。
❸ガラスの涼やかさに合わせて、縁巻きはシンプルな印象の流し巻きに。

教えてくださるのは
清水貴之さん。

# 縁作りをマスターしよう

ここで紹介する「STEP1 縁を作る」「STEP2 縁の形を作る」をマスターすれば、他のかごでも縁を作る際に応用できます。縁作りは難しいですが、縁があるからこそ竹かごが安定するし、見た目の美しさも演出できるもの。この機会に、ぜひマスターしてください。

## STEP1 縁を作る

▶ **ワンポイントアドバイス**

縁作りをする際は、事前に竹をよく水につけておきましょう。また、清水さんはなれているので使用していませんが、この作業では引くほうの手を傷つけやすいので、軍手などで保護しましょう。

1 今回は、幅8mm、厚さ1.2mmの縁を作る。竹に9mmのところに印を付ける。

2 印を付けたところを、竹割り包丁で割る。割るときは、竹に対し幅が狭いほうを自分側にして割る。

3 厚さ1.2mmなので1.3mmくらいを目指して、竹割り包丁で剥ぐ。皮と身の比率が3:7を目安に剥ぐ。剥ぐときは、最初だけ竹割り包丁の刃を入れる。

▶ **ワンポイントアドバイス**

節のところは越えるときに薄くなりがちなので、注意しましょう。刀を上向きにして節を固定すると、越えやすくなります。

▶ **ワンポイントアドバイス**

刃で皮と身に少し剥がれたら、竹割り包丁の胴金の部分を使うと、作業しやすいし危なくありません。

4 均一に剥げていれば、曲げるときれいな円にできる。写真のように、円になればOK。

▶ **ワンポイントアドバイス**

縁は、竹ひごを作るときよりも身の部分が多いので、食い込みやすくなってしまいます。そこで幅とり小刀を、通常よりも竹に対して平行に打ち込むようにします。

146

「やたら編みガラスラップ」の作り方

5 幅をそろえる「幅とり」の工程。木の台に2本の幅とり小刀を、8mm間隔で、木づちなどを使って打ちこむ。その際、刃の角度が同じになるようにする。

▶ ワンポイントアドバイス

刃物は、対象に対して平行に近づくほど切れないものです。作業をしていて「切れる」と感じたら、平行に近づけます。反対に「切れない」と感じたら、角度をつけます。

6 竹の皮を下にして引き、ひっくり返して持っていたところも引く。その際、写真のように竹の棒などで竹をおさえるとずれずに引きやすい。

7 節のところは固いので、勢いをつけて一気に越えるようにする。

8 竹の面をとる「面とり」の工程。小刀で、皮の面だけをしっかり面とりする。

9 竹の元(竹が生えていた下の方)から引く。

10 節のところは固いので、注意してよくとる。

11 薄いところは曲げたときに飛び出してしまうので、小刀で厚みを整える。

12 全長の真ん中あたりが節になるように切る。今回は全長が64.5cm(56.5cm+合わせ8cm)なので、約32cmが真ん中になる。

13 のこぎりで、64.5cmより余分なところを切る。

14 合わせ8cmの一方は、内側を削る。

15 もう一方は外側を削る。

> ▶ ワンポイントアドバイス

合わせたときに他の部分と同じ厚みになるようにしたいので、端はぺらぺらになるくらい薄く削ります。

> ▶ ワンポイントアドバイス

削るときに水をつけると、刃物がかかりやすくなります。

16　削り始めのところが段にならないように、なめらかに削る。

### STEP2　縁の形を作る

1　作りたいものに合わせて、丸、楕円などの形状を作る。今回作るのは丸。作りたい縁より、少し小さめの丸型を用意する。今回は、ケーキの型を利用。

2　端の部分を少し水につけて、曲げぐせをつける。

> ▶ ワンポイントアドバイス

端に曲げぐせをつけないと、仕上がったときにつっぱってしまうので、必ず行いましょう。

3　型にはめる。

4　型にぴったりとはりつくように、手で押さえる。

「やたら編みガラスラップ」の作り方

5 ある一定の温度になると竹は曲がるので、焦げ目がつかないよう注意しながら、工業用ドライヤーで温める。ほのかに竹の香りがしてくるのが、できあがりの目安。

▶ ワンポイントアドバイス

工業用ドライヤーがない場合は、コンロなどで型をあらかじめ温めましょう。その際、空焚きにならないよう、型に水を入れるのを忘れずに。

6 円になった状態。温めた後は、よく冷ます。

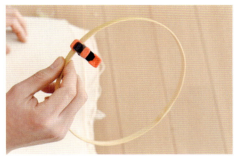

7 接着剤を使わないときの、縁の仮止めの仕方。合わせの部分を、クリップで仮固定する。

8 合わせの端の部分に切れ込みを入れる。

9 細い針金を、合わせの間に挟む。

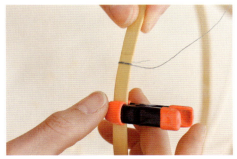

10 挟んだ針金を3回くらい巻く。

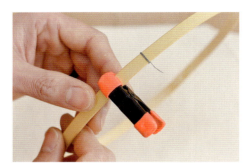

**11** 合わせの間にもう一度針金を入れ込んで、1周ぐるぐる巻く。

**12** 写真の○印、もう一方の端も、同じ手順で針金を付けて完成。

▶ ワンポイントアドバイス

しっかり固定させるために木工ボンドなどを使用する場合は、固定したいところに先につけてから、針金で縛るとよいでしょう。端の部分は、特に重点的に接着し、木工ボンドが乾いてから、針金を外します。

### 内縁の作り方

▶ ワンポイントアドバイス

通常は外縁を接着しますが、今回は内縁を接着します。接着するときは、写真のように針金でぐるぐると巻きます。

## その他の作り方

今回は初心者の方でもトライしやすい方法を紹介しましたが、工業用ドライヤーやアルコールランプを使って竹を曲げて縁を作る方法がよく見られます。

**1** 工業用ドライヤー(またはアルコールランプ)で、曲げたいところに熱をあてる。熱をあてていると、軽く力を入れるだけで曲がるようになる。

**2** 写真のように無理なく90度に曲げることができる。ただし、無理やり力を入れると割れてしまったり、熱をあてすぎると焦がしてしまうので注意する。

**3** 曲がった状態ですぐに水で冷やすと、形が固定される。

「やたら編みガラスラップ」の作り方

### STEP3　編む ～やたら編み～

**1** 6mmと8mmのひごをそれぞれ半数ずつ用意。10ページの「六つ目編みの編み方」をもとに、底を編んでいく。

▶ ワンポイントアドバイス

『竹かご編みの技法書』の「やたら編みの一輪ざし」でも紹介したように、やたら編みは自由な編み方ですが、六つ目編みなどでベースの形を作っておくと形が決まりやすくなります。

**2** 真ん中にきれいな六角形ができる。

**3** 4mmのひごを用意。やたら編みで編んでいく。1本目。写真の位置を参考に、すでに編んだひごの間に引っかかるように入れていく。

**4** 2本目。2本目以降も、すでに編んだひごの間に引っかかるように入れていく。

**5** 3本目を入れたところ。

▶ ワンポイントアドバイス

**6** 4本目を入れたところ。

入れる本数が増えてきたら、同じところに重なりがこないよう、意識してひごを入れていきます。

151

7 底編みが仕上がったら、外縁の上に置く。

8 カバーを付けたいもの(今回はガラスボウル)を置く。

9 外縁をぐいっと押し上げて、ガラスボウルにはめる。

10 押し上げた状態で、クリップで仮止めをする。

11 合わせが逆になるように、内縁を入れる。

12 クリップで仮止めをした状態。

13 結束バンドで縁を留める。留めたところのクリップを外していく。

14 高さを、ガラスボウルより少し低くなるように調整する。

「やたら編みガラスラップ」の作り方

15 高さ調節ができたら、ガラスボウルをいったん外し、仕上がりを見る。

16 仕上がりを見て、ボリューム感を出したい場合は、ひごを足していく。

▶ ワンポイントアドバイス

編地のひごに引っかかるように、できるだけ狭い隙間に入れていきます。

▶ ワンポイントアドバイス

結束バンドを締めるとき、ペンチなどを使うとしっかり締まります。

17 仕上がったら、再度高さを調整する。

18 縁を結束バンドでしっかり固定する。

19 一周固定したら、仮止めしていた外縁の針金をニッパーで切る。

20 余分な結束バンドをハサミで切る。

▶ ワンポイントアドバイス

しっかり固定できたか不安な場合は、外縁と内縁の隙間に木工ボンドを流し込み接着させます。

153

21　余分なひごを、縁ぎりぎりのところで切る。

22　カットした状態。

### STEP4　縁巻き ～流し巻き～

▶ ワンポイントアドバイス

すべての巻き方に共通したポイントですが、ささっているひごの両サイドを巻くと、しっかり固定されます。

1　籐の先を削り、木工ボンドを付ける。

2　外縁と内縁の間に、くじりなどの先の尖った道具で隙間を作り、籐を下から上に向かって差し入れる。斜めに籐をくるくると巻いていく。

「やたら編みガラスラップ」の作り方

3 スタートの次のところの下に、巻いているのと同じ籐を差し込んでおく。

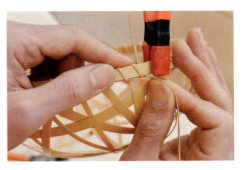

4 巻き終わりはクリップで留め、2巻目、3巻目の籐を抜く。

5 できた隙間に、半回転して籐を2巻目と3巻目のところに入れる。

6 全部引っ張る前に木工ボンドを付け、それから引っ張る。

7 余分な籐をニッパーで切り、完成。

陶器（徳利）

# 松葉編み
# ボトルカバー

竹ひごを使って立体的に編むには、テクニックが求められます。初心者でも試みやすいようにと清水貴之さんが考えたのが、既存の立体的な物に編みつける方法です。今回、選んだ立体は徳利、そして編み方は「松葉編み」をチョイスしました。「松葉編み」は、その名の通り松葉のように見える模様が特徴です。花かごにもよく使われる装飾的な編み方ですから、一輪挿しとしても使えます。もちろん、徳利のカバーとしても優れもの。熱燗を持つ際、熱さを和らげるという機能性を発揮してくれます。

# 「松葉編みボトルカバー」の作り方

**【材料】**
骨ひご:幅3mm、厚さ0.4mm、長さ15cm×21本 ※骨ひごの長さは、巻き付けるものより少し短めにする。／縄目編み用の竹ひご:幅0.7mm、厚さ0.4mm、長さ40cm×12本／松葉編み用の竹ひご:幅1.5mm、厚さ0.3mm、長さ40cm×40本／籐:幅2mm、長さ15cm×2本 ※長さは合わせたい器に応じて。／徳利:底の直径68mm、高さ16cm×1本

※竹ひごの本数は、ひごの作り方や編み方などで変わることがあります。

**【道具】**
小刀／輪ゴム／マスキングテープ／剪定バサミ／ニッパー／ハケ／木工ボンド

高さ 9.5cm

直径(底部) 7cm

❶

❷

直径(上部) 6.5cm

❸

❶太い骨ひごを間隔をあけて置き、細いひごを編んでいく「ござ目編み」。「松葉編み」は「ござ目編み」から派生した編み方の一つで、骨ひごが偶数ならば「青海編み」、奇数ならば「松葉編み」になる。「竹ひごの幅が狭いほうが、松葉の柄が見えやすくなります」と清水さん。
❷上から見たところ。きれいな円に仕上がっている。
❸そろえて切るとそこで終わってしまうが、ランダムにすることによって一体感が生まれる。

教えてくださるのは
清水貴之さん。

> **STEP1** 編む ～縄目編み～

1　徳利に滑り止めとしてマスキングテープを貼り、その上に輪ゴムを入れる。

2　マスキングテープに7mm間隔で印を付ける。印を付けた輪ゴムの間に、骨ひごを差し込んでいく。

3　1周、差し込んだところ。

4　縄目編み用のひごを用意し、縄目編みで編んでいく。1本目。写真のように骨ひごを1本すくう。

▶ ワンポイントアドバイス　縄目編みに使う竹ひごは、直径1mmの籐芯でも代用できます。

5　1本目を入れた骨ひごの隣の骨ひごに、2本目を差し入れる。

6　2本目を入れた隣の骨ひごに、3本目を差し入れる。

「松葉編みボトルカバー」の作り方

7 編み進めるにつれスタート部分のひごがばらけやすいので、スタートのところだけ骨ひごをマスキングテープで留めておく。

8 「2本おさえる・1本すくう」のパターンで、順番に編んでいく。縄目のひごがひっくり返らないように、皮の面が外を向くように編む。

▶ ワンポイントアドバイス　1周目はばらけやすいので、気を付けて編みましょう。

9 1周編んだところ。スタートのところをしっかり指で押さえて編んできたひごを引っ張り、徳利に引っ付ける。

10 2周目は、骨ひごの間隔が均等になるように編んでいく。

11 編んできたひごが終わったら、新しいひごを継ぐ。継ぎ方は、編んできたひごの終わりのところに新しいひごを差し込む。

12 3周、編んだところ。

## STEP2 編む 〜松葉編み〜

1  3周したら、松葉編み用の編みひごに変え、松葉編みで編んでいく。スタートは、縄目のひごを継ぐときと同じように、編みひごを下に差し込む。

2  2本目も同様に差し込む。

3  3本目も同様に差し込む。「最後尾のひごを、先行している2本のひごの間に通して、2本おさえる・1本すくう」のパターンで編んでいく。

4  その後も、「最後尾のひごを、先行している2本のひごの間に通して、2本おさえる・1本すくう」のパターンで編み進める。

5  松葉編みで2周編んだら、端ぎりぎりで縄目編みのひごを切る。

「松葉編みボトルカバー」の作り方

## 6
2周編んだところ。

▶ ワンポイントアドバイス

松葉編みの柄が見えにくくなるので、2周編んだところで、あまり下に押し下げないようにします。

## 7
ひごを継ぐときは、下に向いているところで継ぐ。

## 8
6周編んだところ。終わりのひごは骨ひごに引っかかるように、終わりのところを残して切る。

## 9
10周編んだところ。

## 10
18周編んだところ。このあたりから徳利が細くなっていくので、徳利から編地がはがれないように気を付けて編んでいく。

▶ ワンポイントアドバイス　骨ひごがまっすぐになるように、注意しながら編みましょう。

163

11 スタートのところで編み終わるようにする。

12 縄目編みで編んでいく。松葉編みの編み目が全部下を向いている位置に、継ぐのと同じやり方で縄目編み用のひごを3本継ぐ。

13 縄目編みで2周編む。

14 2周編んだところ。

15 出ている骨ひごをカットする。きれいにそろえたり、ランダムにしたり、自分の好みでOK。

「松葉編みボトルカバー」の作り方

### STEP3 縁巻き

1 籐は巻く前に、10分くらい水に浸しておく。巻く前に、籐の先を小刀で細くする。

2 縄目編みの編み終わりの位置に籐を差し入れ、2回くるくる巻く。

3 巻いてきた籐を半回転させ、2回くるくる巻いたところにくぐらせる。

4 籐が折れないように注意しながら引っ張る。

5 巻いてきた籐は、少し余裕を残してニッパーで切る。

6 縄目編みの編み始めのところも同様に籐を差し入れ、2回くるくる巻く。

7　巻いてきた籐を半回転させ、2回くるくる巻いたところにくぐらせて、引っ張る。巻いてきた籐は、少し余裕を残してニッパーで切る。

8　水で溶いた木工ボンドを用意。編地の下の部分は、籐を巻いたところだけ、水で溶いた木工ボンドをハケで塗る。

9　編地の上の部分は、籐を巻いたところだけでなく縄目編みのところにも塗る。

10　編地の上の部分は、内側も塗る。

11　木工ボンドが乾いたら、上の部分の骨ひごを編地ぎりぎりのところで切って完成。

**陶器（湯のみ）**

# 菱四つ目
# 湯のみカバー

竹かご編みの中でも、基本的な編み方の一つである「四つ目編み」。竹ひごを直角に交差させながら、等間隔の隙間をあけて四つ目の形を作っていく技法ですが、少し斜めに交差させると菱形を作ることができます。この「菱四つ目編み」と曲線が美しい「共縁」を組み合わせて、清水貴之さんが湯のみカバーを作ってくれました。カバーを付けると、シンプルな湯のみが高級感のある装いに。ちょっと贅沢な気分でお茶を飲みたいときや、おもてなしのときにも活躍しそうです。

# 「菱四つ目湯のみカバー」の作り方

**【材料】**
竹ひご:幅3mm、厚さ0.3mm、長さ30cm×15本／輪を作る竹:幅4mm、厚さ1mm、長さ約22.5cm(使用する湯のみの円周にプラス3.5cm)×1本／湯のみ:口の直径6.5cm、底の直径4cm、高さ6.5cm×1つ

※竹ひごの本数は、ひごの作り方や編み方などで変わることがあります。

**【道具】**
輪弧立て(竹ひごを重ねて作る。今回は竹ひご4本使用)／霧吹き／ハサミ

高さ6cm

直径(底部) 4cm

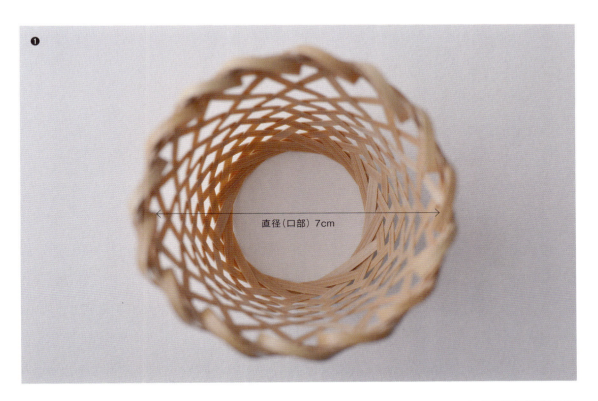

直径（口部）7cm

❶「輪弧編み」から「菱四つ目編み」へ、流れるような美しい編み目。見た目の美しさはもちろん、湯のみが熱くて持てないときカバーがあれば熱さを軽減できるという機能性もしっかり備えている。
❷❸色違いの湯のみに合わせてみた。清潔感のある白系、落ち着きのある黒系、どちらでも合わせやすいのが、竹の良さでもある。「湯のみは高台がついているものが、作りやすいです」と清水さん。

教えてくださるのは
清水貴之さん。

**STEP1** 編む 〜輪弧編み〜

1  輪弧立てを用意。輪弧立ては、編みやすくするための道具のようなもので、編みひごと同じ竹ひごを使う。今回は、長さ15〜16cmの竹ひごを4本使用。

2  1本目。輪弧立てを「1本おさえる・3本すくう」。

3  2本目。1本目のひごの反対側の下から、「1本おさえる・3本すくう」。

4  反時計回りに進んでいく。「1本おさえる・3本すくう」を続ける。

5  4本目を編んだところ。

6  ばらけないように、写真の指を差している位置を目安に、しっかりおさえる。

▶ ワンポイントアドバイス

滑って持ちにくい場合は、霧吹きでひごを湿らせます。

「菱四つ目湯のみカバー」の作り方

## 7
「1本おさえる・3本すくう」を繰り返して、15本編んだところ。

## 8
一番左の輪弧立ての下（Aの位置）に、最後のひごを差し入れる。
※マジックで印が付いているのが輪弧立て。

## 9
左から2番目の輪弧立ての下（Bの位置）に、最後から2番目のひごを差し入れる。

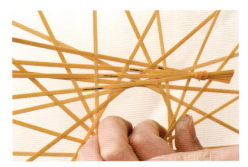

## 10
3本目は、左から3番目の輪弧立ての下、4本目は左から4番目の輪弧立ての下に差し入れる。3、4本目も差し終えたところ。

## 11
輪弧立てを抜く。

12 差し込んでいるだけの状態のひごは、1本すくって上に出す。

13 その隣りも同様に、1本すくって上に出す。

14 3、4本目も同様に行った状態。左側を向いているひごが全て上を向いていれば、きれいにできている。

15 左側のひごが右側のひごより、2cmくらい長めになるように引っ張る。

16 引っ張った状態。

17 輪の中に指を入れて両方の指を近づけるようにして、輪の径を縮める。

「菱四つ目湯のみカバー」の作り方

18 湯のみの高台より心持ち小さくなるくらいに、径を合わせる。

19 ひごを霧吹きでよく湿らせる。

20 1周回しながら、ぐいっと曲げぐせをつける。

21 曲げぐせをつけたら、湯のみの高台にはめ込む。

22 湯のみにはりつけながら、「1本おさえ・1本すくう」の手順で1周する。この手順を4周繰り返す。

▶ ワンポイントアドバイス

一般的に、輪弧編みの両端は「2本おさえる・2本すくう」で行います。そうすると、形状を柔軟にできます。けれども今回のように立ち上げが急な場合は、両端は「1本おさえる・1本すくう」にしたほうが、輪の形状を崩れにくくすることができます。

**23** 編んでいく途中で、ひごが広がってきたら、ひごを倒す。

**24** 2周編んだところ。ひごをしっかり寝かせて、目を小さく整える。

**25** 3周編んだところ。

**26** 湯のみに一度はめ込んで、はりつけたまま編み目を詰める。

▶ ワンポイントアドバイス

目を詰める際、右側と左側のひごの傾きが同じになるようにすると、編み目のひし形がまっすぐ上がっていくように整えることができます。

**27** 4周編んだところ。

**28** 編み目を再度整える。

「菱四つ目湯のみカバー」の作り方

> **STEP2** 縁作り 〜共縁〜

1. 22.5cmの竹ひごで輪を作り、写真のように入れる。

2. 右斜め上を向いているひごをおさえ、左斜め上を向いているひごをすくうように、輪を入れる短いほうのひごを輪の内側に入れる。入れたら、輪の位置を合わせて、編み目を再度整える。

3. 長いひごを輪の内側に入れる。

4. 円を作るようにして、写真の位置Cから出す。

5. 長いひごを、写真の位置Dに入れる。

6. 出てきたひごをひっくり返して、写真の位置Eから出す。

7. 同じ要領で右に進んでいく。

177

8　1周編んだところ。

9　スタートのところを少しゆるめて隙間を作り、最後の1本を差す。

## STEP3　仕上げ

1　湯のみを入れて、輪の高さを合わせる。

2　湯のみから外し、巻き込んでいるひごを引っ張って締める。

3　巻き込んでないほうの余分なひごを、輪の高さぎりぎりのところでハサミで切る。

4　1周切り終えたところ。

5　巻き込んでいるほうのひごを、もう一度きつく締める。

6　巻き込んでいるほうのひごを、輪の高さぎりぎりに切る。完成。

###### ガラス

# 輪弧編み
# ガラスラップ

大きめのガラスボウルは「やたら編み」が似合いましたが、素材は同じガラスでも、こちらの小さいサイズを「やたら編み」で合わせようとすると、うまくまとまらなくなってしまいます。そこで清水貴之さんが選んだのが「輪弧編み」です。「輪弧編み」は、竹かごの底部分に使用する編み方ですが、その模様を横からも楽しめるのは小さい器だからこそ。編み方が変われば、同じガラスボウルでも雰囲気が違って見えますし、また同じ輪弧編みでも、『菱四つ目湯のみカバー』とは装いが違います。アイデア次第で、身の回りのものが違うものになる、そんな変化も楽しんでください。

# 「輪弧編みガラスラップ」の作り方

**【材料】**
竹ひご：幅5mm、厚さ0.4mm、長さ22cm×12本／外縁：幅8mm、厚さ1mm、長さ約31cm×1本 ※30cmの円周に対してプラス1cmくらいが目安。／内縁：幅8mm、厚さ1mm、長さ約30.5cm×1本 ※30cmの円周に対してプラス5mmくらいが目安。／籐：幅2mm、長さ1m×1本／ガラスボウル：直径9cm、高さ5.5cm×1つ

※竹ひごの本数は、ひごの作り方や編み方などで変わることがあります。

**【道具】**
ペットボトル／木工ボンド／くじり／針金／結束バンド／クリップ／ニッパー

高さ5cm
直径 約10cm

❶下から見たところ。輪弧の模様が美しい。
❷上から見たところ。「ガラスの場合、編み目の隙間があいている編み方がおすすめです」と清水さん。
❸縁はシンプルで涼やかな印象の流し巻き。「カバーの縁の高さは器より少し低くなるようにすると、器が使いやすくなります」と清水さん。

教えてくださるのは
清水貴之さん。

**STEP1** 編む ～輪弧編み～

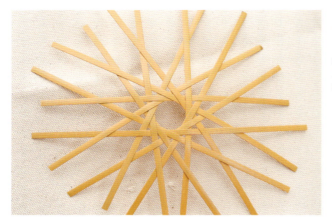

1. 『菱四つ目湯のみカバー』で紹介した輪弧編みをもとに、「3本すくう・1本おさえる」を繰り返し、輪弧編みで12本分編む。

2. 146ページの「縁作りをマスターしよう」をもとに、外縁と内縁を作る。

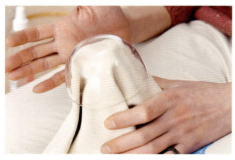

3. ガラスボウルの直径よりも少し小さい筒状の物（今回はペットボトルを利用）の上に、ガラスボウルを乗せる。

4. 上から、内縁を先に入れる。

▶ ワンポイントアドバイス

一般的には外縁を接着するのですが、今回、ガラスボウルに編地を押し付けるときは、内縁を接着します。

5. 編地をガラスボウルの底に置く。

6. 内縁と合わせが逆になるように、外縁を編地に乗せる。

「輪弧編みガラスラップ」の作り方

7 外縁を、ぐっと押し付けるように下に入れ、外縁と内縁が合わさるようにはめる。

▶ ワンポイントアドバイス

縁と輪弧の輪の中心が合うようにするのがポイントです。

▶

8 内縁と外縁の合わせの部分を針金で固定し、結束バンドで内縁と外縁をしっかり固定する。

9 余分な結束バンドと余分なひごをニッパーで切る。余分なひごは、縁ぎりぎりのところで切る。縁巻きをしっかりできるか心配な場合は、カットする前に、外縁と内縁の隙間を木工ボンドで接着する。

10 全部切ったところ。

185

> **STEP2** 縁巻き 〜流し巻き〜

1　籐の先に木工ボンドを付ける。

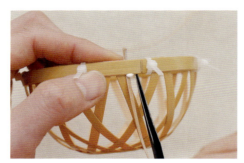

2　外縁と内縁の間に、くじりなどの先の尖った道具で隙間を作り、籐を下から上に向かって差し入れる。

3　スタートの次のところの下に、巻いているのと同じ籐を差し込んでおく。

▶ **ワンポイントアドバイス**

スタートのところに差さないので、注意しましょう。

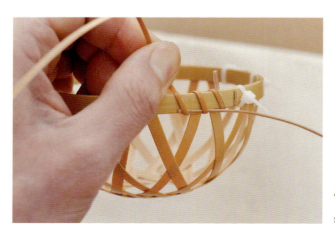

4　斜めに、籐を巻いていく。

「輪弧編みガラスラップ」の作り方

5　巻いている籐をクリップで留め、2番目の下に差し込んでいた籐を抜く。

6　隙間に、半回転して籐を2番目のところに入れる。

7　全部引っ張る前に木工ボンドを付ける。

8　籐が切れないように注意しながら、引っ張る。

▶

9　余分な籐をニッパーで切り、完成。

187

## ご協力いただいた竹工芸作家さんたち

### 安部仁美さん
Hitomi Abe

大分県日出町出身。短大で染織を学んだ後、フランスファッションブランドの日本立ち上げメンバーとして勤務。大分県竹工芸訓練支援センターで竹工芸を学んだ後、竹工芸家・藤原満喜氏のもとで技術を磨き、日出町にアトリエを構える。
〔連絡先〕
hakuchiku205@gmail.com

日本の民俗学や海外のバスケタリーに興味があったことから、竹工芸を志した安部さん。フランスファッションブランドに長年勤務していキャリアを背景にした、おしゃれ感の作風に定評があります。

網代編みバッグ「Border」

### 児玉美重さん
Mie Kodama

埼玉県大宮市（現さいたま市）出身。短大卒業後、財団法人に就職。大分県竹工芸訓練支援センター中堅技術者養成講座修了。「工房 東雲」の屋号で独立し、現在は、大分県杵築市を拠点に制作活動をしている。
〔連絡先〕
mie.sinonome@gmail.com

2013年、アメリカのサンタフェ市で行われたTAI GALLERYアートコンペ「Emerging Bamboo」に『花籠 東雲（しののめ）』が入選。2016年には、大手飲料メーカーのキャンペーンに作品が選ばれるなど、国内外から高評価を得ています。

大手飲料メーカーのキャンペーンに選ばれた「Cuboid」

Profile

### 清水貴之さん
Takayuki Shimizu

大阪市出身。大学時代、旅先の東南アジアで竹の魅力に触れたのをきっかけに竹工芸作家を志す。大分県竹工芸訓練支援センター中堅技術者養成講座修了。伝統工芸士・森上智氏のもとで3年間修業後、独立。大分県別府市を拠点に、フランスやインドネシアでも展示会を開催するなど国内外で活躍中。
〔連絡先〕
https://takayukishimizu.tumblr.com/

2016年、「高岡クラフト展」入選、「日仏現代アート展」入選。「CARGOシリーズ」「竹トレー」、そして様々なアクセサリーなど、オリジナリティあふれるヒット作の数々でその名を知られている作家さんです。

「日仏現代アート展」入選作品「マンドラゴラ」

### 勢司恵美さん
Emi Seishi

茨城県行方市出身。大学（中国語学科）卒業後、沖縄でネイチャーガイドを経験するなど環境問題に関心を持ち、その観点から、大分県竹工芸訓練支援センターで竹工芸を学ぶ。現在、行方市を拠点に「青物」を主とした竹工芸作家として活動している。
〔連絡先〕
emiseishi@hotmail.co.jp

「昔から使われるかごを、昔からのやり方で作る」という志を持ち青物のかごを作り続けている勢司さん。伝統の技を確かに継ぐ一方で、工夫しながら今の生活者が求めるかご作りにも意欲的で、ワークショップや展示会を日本各地で積極的に行っています。

ござ目編みの手提げかご

### 渡辺文明さん
Fumiaki Watanabe

大分県大分市出身。高校卒業後、地元のIC製造装置の会社で精密金属加工に27年間携わる。45歳のとき、大分県竹工芸訓練支援センターで1年間竹工芸を学ぶ。現在、大分県日出町を拠点に活動。
〔連絡先〕
watanabebunmei@gmail.com

いろいろな編み方を組み合わせたかご作りから角物にいたるまで、多様な竹かご作りにチャレンジしている渡辺さん。一方で、精密金属加工に長年携わっていたキャリアを活かし、制作活動に必要不可欠な道具を手作りし、別府地域の竹工芸作家からも信頼を寄せられています。

六つ目編みの買い物かご

編集・取材・文　嶋崎千秋
撮影　臼田尚史
装丁・デザイン　佐藤アキラ

作者　安部仁美、児玉美重、清水貴之、勢司恵美、渡辺文明
取材協力　和布工房 はんてん屋　http://www.hantenya.jp

異素材との組ませ方から使い方まで 工夫と手順がわかる
竹かご編みの発想と技法

NDC 790

2017年10月13日　発　行

編　　　者　竹かご部
発　行　者　小川雄一
発　行　所　株式会社 誠文堂新光社
　　　　　　〒113-0033 東京都文京区本郷3-3-11
　　　　　　（編集）電話03-5805-7285
　　　　　　（販売）電話03-5800-5780
　　　　　　http://www.seibundo-shinkosha.net/

印刷・製本　図書印刷 株式会社

©2017, Seibundo Shinkosha Publishing Co.,Ltd.
Printed in Japan

検印省略　禁・無断転載

落丁・乱丁本はお取り替え致します。

本書のコピー、スキャン、デジタル化等の無断複製は、著作権法上での例外を除き、
禁じられています。本書を代行業者等の第三者に依頼してスキャンやデジタル化す
ることは、たとえ個人や家庭内での利用であっても著作権法上認められません。

JCOPY ＜（社）出版者著作権管理機構 委託出版物＞
本書を無断で複製複写（コピー）することは、著作権法上での例外を除き、禁じられ
ています。本書をコピーされる場合は、そのつど事前に、（社）出版者著作権管理機構
（電話 03-3513-6969／FAX 03-3513-6979／e-mail:info@jcopy.or.jp）
の許諾を得てください。

ISBN978-4-416-61740-3